Charles Swindoll

Entfache das alte Feuer

Vom Duell in der Ehe zurück zum Duett

Verlag der
Francke-Buchhandlung GmbH
Marburg an der Lahn

CIP-Kurztitelaufnahme der Deutschen Bibliothek

Swindoll, Charles:
Entfache das alte Feuer: vom Duell in d. Ehe zurück zum Duett / Charles Swindoll. [Dt. von Christoph Bluth]. –
Marburg an d. Lahn: Francke, 1984.
(Edition C: F, Brennpunkt d. Familie; 13)
Einheitssacht.: Strike the original match ‹dt.›
ISBN 3-88224-360-0
NE: Edition C / F

2. Auflage

Originaltitel: Strike the original Match

Deutsch von Christoph Bluth
Umschlaggestaltung: Herybert Kassühlke
Satz: Busch Fotosatz, 7080 Aalen
Druck: St.-Johannis-Druckerei C. Schweickhardt
7630 Lahr-Dinglingen
Printed in Germany 23459/1987

Edition C, Nr. F 13

INHALTSVERZEICHNIS

Einleitung

Während ich diese Worte schreibe, hallen fremde Stimmen und ungewöhnlicher Lärm durch unser Haus. Fast jedes Stück Möbel ist von einer Staubschicht bedeckt. Der Teppich liegt aufgerollt. Nackte Drähte hängen, wo einst Lampen leuchteten. Die Dusche ist außer Betrieb. Die Türklingel funktioniert nicht, und auch das Licht läßt sich nicht mehr anschalten. Fast eine Woche lang habe ich mich ernsthaft mit dem Gedanken getragen, vor dem Haus ein Schild anzubringen:

Katastrophenbereich — Betreten auf eigene Gefahr!

Unsere Kinder haben uns um Landkarten gebeten, damit sie ihre Zimmer wiederfinden können. Selbst der Hund weiß nicht mehr, wo er schlafen soll — das gilt auch für mich!

Sie haben es erraten. Wir renovieren das Haus. Tatsächlich könnte man es eher als Umbau bezeichnen. Wenn Sie so etwas einmal mitgemacht haben, brauchen Sie keine weitere Beschreibung. Wenn nicht, dann würden Sie mir es nicht glauben.

Es gibt vier Erfahrungen, die jeder, der einen Umbau am Haus durchgemacht hat, nicht leugnen kann:

1. *Es dauert länger, als man geplant hat*
2. *Es kostet mehr, als man sich ausgerechnet hat*
3. *Es verursacht größeres Chaos, als man sich vorgestellt hat*
4. *Es erfordert wesentlich mehr Entschlossenheit, als man erwartet hat*

Das einzige, was die Swindolls halbwegs vor dem Zusammenbruch schützt, ist die Hoffnung. Wir zwingen uns alle sechs, ständig das Traumbild des vollendeten Hauses vor uns wachzuhalten ... und einfach durchzuhalten. »Eines Tages — so wiederholen wir ständig — wird alles vorüber sein.« Sag' mir doch, daß das wahr ist!

Eine Ehe läßt sich gut mit unserem Haus vergleichen. Wenn sie neu ist, dann ist alles so schön. Frische Gerüche, schöne Überraschungen und neue Entdeckungen machen jeden Tag zu einem neuen Abenteuer. Es gibt Arbeit, die getan werden muß, aber das neue Erleben nimmt den Ärger weg. Im Laufe der Zeit jedoch verändert sich alles. Langsam, fast unmerklich gerät der Sand der Verantwortung in die Mühle der Routine. Wer hat das nicht erlebt?

Rechnungen werden fällig. Unkraut wächst. Türen quietschen. Fenster klemmen. Farbe blättert ab. Wasserhähne fangen an zu tropfen. Abflüsse verstopfen. Fußböden verlieren ihren Glanz. Der Spaß verliert sich stillschweigend in den ständigen Anforderungen irritierender Aufgaben. Die Träume verblassen und werden durch die alptraumhaften und ängstlichen Gefühle der Realität der Gegenwart ersetzt.

Das warme Feuer, das uns einst erfüllte, ist offensichtlich stark am Verglimmen. Gedanken und Worte, die uns einst fremd waren, nisten jetzt in unserem Kopf und platzen aus unserem Mund. Plötzlich entdecken wir, daß wir eine Entscheidung treffen müssen: Ausziehen oder Renovieren. Den qualmenden Balken entfliehen, oder das Feuer neu entfachen. Zu oft hält man die erste dieser beiden Alternativen für die romantische Wahl. Die Flitterwochen sind vorbei ... Träume sind zerbrochen und verflogen ... von der Beziehung, die es einst gab, ist nichts mehr vorhanden. Das Duett ist zum Duell geworden. Das Lächeln und das Lachen, die einst die Rückkehr vom Arbeitstag zu einem erhebenden Erlebnis machten, haben einer Starre und einem Seufzen der Enttäuschung Platz gemacht. Der Zauber ist gewichen. Nichts bleibt mehr außer den kalten Spiegeln des Geistes; die den Sonnenschein von gestern widerspiegeln, der heute überschattet ist.

Vor vielen Jahren las ich einmal, daß die Ehe sich mit dem Kauf eines Musikalbums vergleichen läßt. Man kauft die Schallplatte wegen der einen Seite, aber man muß auch die Rückseite mitkaufen. Jetzt ist es soweit, daß man meint, nur noch das Loch in der Mitte sei übriggeblieben! Die romantischen Saiten sind nicht mehr da. Mit ihren einschmeichelnden Melodien einer langen Umarmung, Küsse, die jedes Gefühl der Unsicherheit vertrieben, und stille Abende wunderbaren Vergnügens. Statt einem Ohr, das mit Interesse und Fürsorge zuhört, bekommt man jetzt nur »Besetzt«-Zeichen ... und man weiß nicht, wie man die Telefonleitung reparieren kann.

Dazu kommt der Ratschlag anderer:

> »Sieh doch, du brauchst dich nicht weiter zu quälen. Mach dich einfach davon. Das Leben ist zu kurz, als daß man es damit verschwenden könnte, eine Schlacht zu kämpfen, die man ohnehin verlieren wird. Du hast dein Bestes versucht, ohne Ergebnis. Also mach jetzt Schluß damit. Oder zumindest könntest du es mit einer kleinen Affäre versuchen. Gönne dir ein wenig Vergnügen. Es gibt viele gute und attraktive Liebhaber, die zur Verfügung stehen, ohne daß man

irgendwelche Verantwortungen auf sich nehmen müßte. Wir leben in den 80er und nicht den 20er Jahren! Vieles ist jetzt anders. Liebe bedeutet heutzutage, ‚nie sagen zu müssen, es tut mir leid', und nicht ‚ich sitze mein Leben lang mit diesem Typ fest'. Die Ehe ist gut für die, die zu unsicher sind, um das Leben allein zu bewältigen. Aber du bist nicht dieser Typ. Warum sollst du in deinem elenden Käfig bleiben? Du bist frei! Geh einfach weg und blicke nie zurück! Jeder macht das so!«

Das ist keine Übertreibung. Und jedes Jahr wird es schlimmer. Schwere verbale Artillerie greift schwache Ehen an und die dünnen Fäden, die viele Familien zusammenhalten. Mit unablässiger Regelmäßigkeit landen diese Geschosse und lassen ihren blutigen Opfern die Wahl, sich einzugraben oder nachzugeben.

Ich brauche Ihnen nicht zu sagen, welche Option viele Ehepaare heutzutage wählen. Es ist anzunehmen, daß auch Sie sich mit dem Gedanken getragen haben, Ihrer Ehe ein Ende zu machen. Es ist sicherlich einfacher, sich aus dem Staub zu machen, als alle diese Probleme zu lösen zu versuchen. So sieht es wenigstens im Augenblick aus. Erinnern Sie sich an die vier Grundsätze der Renovierung? Sie beansprucht sehr viel Zeit. Sie verursacht tiefen Schmerz. Sie ist hart. Sie ist das härteste, was Sie sich vorstellen können! Wenn wir von so vielen »Autoritäten« umgeben sind, die uns weismachen wollen, daß es viel schöner ist, ein neues Feuer anzuzünden, als das alte neu zu entfachen, dann ist es nicht nur eine Versuchung, sondern höchst attraktiv, so zu handeln.

Aber tief in Ihrem Innern empfinden Sie, das nicht zu tun, sondern in der Ehe zu bleiben, den Preis zu zahlen und zu widerstehen anstatt die verkohlten Reste beiseite zu schieben von dem, was einst so erhebend und schön war. Das darf man nicht ignorieren! Es kann die Stimme Gottes sein, die Sie ruhig, aber bestimmt an die Worte erinnert:

in Liebe …
im Guten und im Bösen …
bis der Tod uns scheidet.

Darum geht es in diesem Buch. Es ist eine klare Herausforderung. Es ist kein Buch für Kleinkinder. Es ist für diejenigen, die gewillt sind, diese Aussagen ernstzunehmen und mit Hilfe der Bibel aus der ewigen Weisheit Gottes schöpfen wollen, um das Feuer der Ehe neu zu entfachen. Sie können sicher sein, daß er Ihnen dabei helfen wird.

Dies ist vor allem ein biblisches Buch über die Ehe. Sie werden bereits festgestellt haben, daß Buchläden — christlicher und nichtchristlicher Art — Regale voll von Büchern über die Ehe haben. In vielen sind klare, logische und zeitgenössische Gedanken enthalten; interessante Psychologie, gute Philosophie und selbst farbige Bilder mit erstaunlichen Geschichten, faszinierenden Erlebnissen, Zeugnissen von veränderten Leben und bewegende andächtige Gedanken. Viele sind von qualifizierten Leuten geschrieben worden. Gute Bücher von guten Autoren. Doch ich mußte mich oft fragen: »Wo wird dieses Argument durch die Schrift gestützt?« Oder: »Das hört sich richtig an, aber ist das ein göttliches Prinzip oder nur eine persönliche Erkenntnis?«

Dieser Band will diese Lücke schließen. Ich möchte Ihnen versichern, daß alles von Bedeutung, was in diesem Buch gesagt wird, aus der Bibel stammt, aus dem Plan Gottes für die Ehe. Aber das soll nicht heißen, daß ich Ihnen nur etwas vorpredigen will. Sie werden bald merken, daß die Erkenntnisse, die ich mit Ihnen teilen will, realistisch, glaubwürdig, positiv, nicht zu kompliziert und frei von perfektionistischen Anforderungen sind. Ich will alle meine Aussagen diesen fünf Kriterien unterordnen.

Mit Hinweisen auf zahlreiche Bibelstellen beziehe ich mich oft auf meine eigene Ehe. Der Grund liegt nicht darin, daß sie vollkommen ist, sondern weil sie die einzige Ehe ist, die ich wirklich gut kenne.

Seit wir unsere Partnerschaft am 18. Juni 1955 eingingen, haben Cynthia und ich einige äußerst schwierige Zeiten durchgestanden. Wir beschlossen, Gott bei seinem Wort zu nehmen und die Dinge zu tun, von denen er sagt, daß sie wirklich funktionieren. Fast ein Vierteljahrhundert (!) lang haben wir gelernt, wie wir überleben, wachsen und vergeben auf der Grundlage der Prinzipien, die ich in diesem Buch darstelle. Sie sind zu wertvoll, zu notwendig, als daß wir sie für uns behalten könnten.

Hinzu kamen vier aktive Kinder (zwei Teenager, zwei weitere werden bald soweit sein). Das war die eigentliche Prüfung! Und diese Prinzipien funktionieren tatsächlich. Wenn das nicht so wäre, würde ich nicht Ihre und meine Zeit damit vergeuden. Unser Heim besteht ganz einfach aus sechs Sündern. Wir leben mit all den Gefahren, die zu gebrochenen Beziehungen und zerstörten Brücken der Kommunikation führen können. Das Leben in diesem südkalifornischen Zoo ist nicht sanft mit Freunden und Nachbarn. Wenn eine Ehe hier überleben kann, dann verdienen die Prinzipien, die zu diesem Überleben führten, daß man sie weiterreicht. Unser einziger Anspruch besteht darin, daß die überfließende Gnade Gottes uns fast jeden Tag dazu hilft, einen Bereich unseres Lebens zu verändern, damit uns die Harmonie bleibt, während wir das Feuer neu entfachten.

Wenn es uns gelingen kann, dann kann es jedem gelingen. Dazu gehören auch Sie. Zugegeben, es ist zeitraubend, es kostet viel, es bringt sehr viel Arbeit. Aber es ist nicht unmöglich. Wenn Sie an die Alternative denken, so ist es die Zeit und Anstrengung sicherlich wert.

Charles R. Swindoll
Fullerton, Kalifornien

1 Wir befragen den Architekten

Die Familie steckt in Schwierigkeiten, und zwar ganz tief. Ehen stecken in einer Krise, selbst christliche Ehen. Das glücklich verheiratete Ehepaar scheint in unserer Zeit eine Ausnahme geworden zu sein. Das gilt selbst für diejenigen, die wir einst bewunderten.

Diese neue Dimension eines alten Problems ist vor allem der Grund, warum ich dieses Buch geschrieben habe. Unglückliche Ehen, häusliche Konflikte und wachsende Scheidungsraten sind nichts Neues. Schon lange wird die Frage diskutiert: »Ist es realistisch, einem jungen Paar einen Vertrag aufzuzwingen, der oft über fünfzig Jahre lang gültig sein soll?« Schon immer haben Männer und Frauen einander verlassen. Die »permanente Bindung« ist nie das Eheverständnis aller gewesen. Das gilt vor allem für Nichtchristen. Ein Schild mit der Inschrift »Wir vermieten Hochzeitsringe« hing ein paar Monate lang in dem Fenster eines Juwelengeschäfts. Davon stand allerdings nichts in der Zeitung. In der Welt ist so etwas nichts Außergewöhnliches.

Was mir wirklich Sorgen bereitet, ist der Trend zu diesem »zeitlich begrenzten« Ehekonzept auch bei vielen Christen. Um ehrlich zu sein, ich bin jedes Mal überrascht, wenn ich einem glücklich verheirateten nichtchristlichen Ehepaar begegne. Sie vollbringen wirklich eine erstaunliche Leistung! Mit der Kraft menschlicher Fähigkeiten und Entschlossenheit versuchen sie, aus ihrer Ehe etwas Sinnvolles zu machen. Aber das christliche Ehepaar?

Wir haben doch die Kraft und Gegenwart des lebendigen Herrn zu unserer Verfügung, die Unterstützung der Gebete anderer in der Familie Gottes, das innere Wirken des Heiligen Geistes, und noch zusätzlich das göttlich inspirierte Handbuch, das uns Anweisungen über Ehe und Familie gibt — von aller Unterweisung in der Gemeinde, allen Ehe- und Familienseminaren, hilfreichen Büchern und Kassetten über das Thema ganz zu schweigen. Unser Kelch ist voll und läuft über.

Trotz aller dieser Hilfsmittel brechen Ehen auseinander. Christen verlassen ihre Ehepartner, und zwar ganz bewußt, ganz offen und ohne Scham. In vielen Fällen empfinden sie nicht einmal das geringste Schuldgefühl. Von Gottesfurcht keine Spur. Wir leben in einer ungewöhnlichen Zeit. Das Leid der zerrütteten und zerbrochenen Ehe der nichtchristlichen Welt ist schlimm genug ... aber jetzt, wo die christliche Familie von der gleichen Krankheit befallen wird, ist es an der Zeit, etwas zu unternehmen, um diese Flut abzudämmen.

Es ist an der Zeit, uns Gottes Anweisungen über Ehe und Familie wieder einmal neu vorzunehmen und zu durchdenken. Wir müssen wieder hören, was er seinem Volk zu sagen hat. Schließlich ist die Ehe seine Erfindung. Es ist offensichtlich, daß er sie am besten versteht, denn sie ist sein Patent. Als der ursprüngliche Architekt ist der Herr die am besten qualifizierteste Autorität auf diesem Gebiet. Deswegen wollen wir zuerst und vor allem bei ihm Rat suchen. Hören wir, was er über seine Erfindung zu sagen hat.

Ein »guter« Grund für eine Beziehung

Im zweiten Kapitel des 1. Buch Mose finden wir die erste Stelle, die sich im Detail mit der Beziehung zwischen Mann und Frau beschäftigt. Wenn wir Gottes Standpunkt zum Eheverhältnis begreifen wollen, müssen wir uns unbedingt mit 1. Mose 2, 18 – 25 auseinandersetzen.

> *Und Gott der Herr sprach: Es ist nicht gut, daß der Mensch allein sei; ich will ihm eine Gehilfin machen, die um ihn sei. Und Gott der Herr machte aus Erde alle die Tiere auf dem Felde und alle die Vögel unter dem Himmel und brachte sie zu dem Menschen, daß er sähe, wie er sie nennte; denn wie der Mensch jedes Tier nennen würde, so solle es heißen. Und der Mensch gab einem jeden Vieh und Vogel unter dem Himmel und Tier auf dem Felde seinen Namen; aber für den Menschen ward keine Gehilfin gefunden, die um ihn wäre. Da ließ Gott der Herr einen tiefen Schlaf fallen auf den Menschen, und er schlief ein. Und er nahm eine seiner Rippen und schloß die Stelle mit Fleisch. Und Gott der Herr baute ein Weib aus der Rippe, die er von dem Menschen nahm, und brachte sie zu ihm. Da sprach der Mensch: Das ist doch Bein von meinem Bein und Fleisch von meinem Fleisch; man wird sie Männin nennen, weil sie vom Manne genommen ist.*
>
> *Darum wird ein Mann seinen Vater und seine Mutter verlassen und seinem Weibe anhangen, und sie werden sein ein Fleisch. Und sie waren beide nackt, der Mensch und sein Weib, und schämten sich nicht.*

Dieses Ereignis fand am sechsten Schöpfungstag statt. Gott vollbrachte ein Wunder nach dem andern, an einem Tag nach dem andern. Vier verschiedene Male verkündete er seinen Gefallen an seiner Schöpfung.

... Gott sah, daß es gut war (1, 12).

... Gott sah, daß es gut war (1, 18).

... Gott sah, daß es gut war (1, 21).

... Gott sah an alles, was er gemacht hatte, und siehe, es war sehr gut (1, 31).

Aber was sagt Gott über Adam in 1. Mose 2, 18: »Es ist nicht gut...« Das ist das erste Mal, daß die Bibel davon spricht, daß Gott etwas *nicht* für gut hält. Was ist *nicht* gut? Gott erklärt, daß es nicht gut ist, daß der Mann allein sei. Das ist keine beiläufige Bemerkung. Im Hebräischen, der Sprache, in der das Alte Testament ursprünglich geschrieben wurde, wird der negative Ausdruck ganz nachdrücklich betont; deswegen steht er am Anfang des Satzes. Wörtlich übersetzt heißt es: »Nicht gut ist das Alleinsein des Mannes...« Gott, der Schöpfer, sah den Mann, sein Geschöpf, in einem Zustand der Isolation, des Alleinseins. Er verkündete, daß dieser Zustand Adams nicht gut war. Gott kümmerte sich um Adams »Alleinsein«.

Ich werde es nie vergessen, wie ich ein Paar traute, das zwei Jahre lang verlobt gewesen war — eine ziemlich lange Zeit, wenn man verliebt ist. Der Bräutigam war — wie gewöhnlich in dieser Situation — ziemlich ängstlich. Während meiner einleitenden Bemerkungen vor der Zeremonie las ich diesen Vers aus 1. Mose 2, 18. Kaum hatte ich erklärt, wie sehr der negative Ausdruck in dem Satz »Nicht gut ist das Alleinsein des Mannes« betont wird, da hörte ich den Bräutigam seufzen: »Amen!« Vielleicht hat Adam genauso reagiert. Ein einsames und isoliertes Leben ist schwer zu ertragen, was viele Ehepartner vergessen, wenn sie an Scheidung denken.

Die Antwort auf das Alleinsein

Aber der Schöpfer verkündete nicht nur das Problem, sondern auch seine Lösung:

Ich will ihm eine Gehilfin machen, die um ihn sei.

Wir werden uns diese Verse im 2. Kapitel genauer ansehen. Aber beachten wir zunächst einmal die erste Bezeichnung, mit der

Gott von der Frau redet: *Gehilfin.* Die Definition, die man in Wörterbüchern findet, bezeichnet eine Gehilfin als jemanden, der hilft, insbesondere eine ungelernte Hilfskraft. Der hebräische Ausdruck hat jedoch eine viel tiefere Bedeutung. Er bezeichnet jemanden, der »einem anderen hilft, völlig erfüllt zu werden«. An anderen Stellen im Alten Testament bezieht er sich auf jemanden, der einer anderen Person zur Rettung verhilft. Gottes Antwort auf die einsame Existenz des Mannes war eine Frau, jemand, der dazu da war, ihn zu einem erfüllten Dasein zu verhelfen, ja, jemand, der ihm zur Rettung verhelfen würde.

Der Ausdruck, der in der Luther-Übersetzung mit »die um ihn sei« übersetzt worden ist, heißt wörtlich »die zu ihm paßt«, sein »Gegenüber«. Sie würde den Mann ergänzen, als sein »Gegenüber«, sein Partner. Hier ist die wunderbare Beschreibung einer würdevollen, notwendigen Rolle, die von jemandem erfüllt wird, den Gott schaffen wird und der mit dem Mann zusammen sein wird. Gottes ursprünglichem Plan zufolge sollte jeder der Partner einzigartig sein; die Partner waren füreinander geschaffen und erfüllten sich gegenseitig.

Die erste Hochzeit

Nach der Verkündigung Gottes geschah die Schöpfung. Er schuf die Frau aus der Rippe des Mannes:

> *Da ließ Gott der Herr einen tiefen Schlaf fallen auf den Menschen, und er schlief ein. Und er nahm eine seiner Rippen und schloß die Stelle mit Fleisch.*
> *Und Gott der Herr baute ein Weib aus der Rippe, die er von dem Menschen nahm, und brachte sie zu ihm.*

Was für eine unglaubliche Szene! Gott baute die Rippe auf so einzigartige Weise um, daß sie zu einem wunderbaren Lebewesen wurde — Adams Partnerin, die Gott ihm gegeben hatte.

Dann heißt es, daß Gott sie zu ihm brachte. »Das ist das Richtige«, so könnte man Adams Antwort übertragen. Adam erkannte, daß sie von Gott gemacht worden war, daß er sie ihm gegeben hatte, und daß sie speziell für seine Bedürfnisse geschaffen worden war. Kein Wunder, daß er ganz begeistert war.

Diese Szene im Garten von Eden ist von rührender Zärtlichkeit. Sie und ihre Frau würden gut daran tun, sie in Gedanken einmal durchzuleben und in die Sprache und Bedürfnisse von heute zu übersetzen. Irgendwie muß der gegenseitige Respekt wiederhergestellt werden.

Nur in diesem Zusammenhang kann die Liebe gedeihen. An Gottes ursprünglichem Plan stellen wir fest, daß die Frau vom Mann benötigt wurde, daß sie für ihn von Bedeutung war und mit ihm geehrt wurde. Wir sehen auch, daß der Mann Erfüllung und Befriedigung findet, was ohne die Frau nicht möglich war. »Das ist das Richtige!« ruft er. Ganz offen erklärt er seine Dankbarkeit.

Mich beeindruckt vor allem die Tatsache, daß Gott *persönlich* diese bestimmte Person zu Adam brachte. Was für ein Gedanke! Die Erkenntis, daß der Herr persönlich für Sie Ihren Partner vorbereitet hat, kann für Ihre Ehe lebensrettend sein. Zweifelsohne haben Sie verschiedene Temperamente, verschiedene Interessen, Perspektiven, verschiedenen Geschmack, verschiedene Fähigkeiten, Persönlichkeit und Launen. Diese Unterschiede verleihen Ihrer Ehe Abwechslung und Farbe.

Der Wert dieses Prinzips wurde mir erst bewußt, nachdem ich bereits mehr als zehn Jahre verheiratet war, daß ich für die Unterschiede zwischen mir und meiner Frau dankbar sein muß. Ich gebe jetzt mit Verlegenheit zu, daß ich mich zehn Jahre lang darüber geärgert habe. Es irritierte mich oft, daß sie die Dinge meistens nicht genau so sah, wie ich sie sah ... daß sie oft die andere Seite einer Diskussionsfrage darstellte, d.h. eine andere Meinung als die meine hatte. Es war nicht so, daß sie rechthaberisch war (wie ich oft!); sie verlieh lediglich dem Ausdruck, was sie ehrlich meinte. Sie ging anders an eine Situation heran als ich, sie interpretierte die Dinge oft anders, sie hatte andere Gefühle. Ich hielt ihr dies als einen Mangel an Gehorsam ihrem Gatten gegenüber vor. Immer wieder gerieten wir in Konflikt, bis Gott mir schließlich im 1. Buch Mose zeigte, daß meine Frau anders war, weil er *sie anders geschaffen hatte.* Wegen ihrer Unterschiede war sie für mich ganz besonders wertvoll. Sie war nicht dazu geschaffen, mein Echo zu sein, sie war nicht mein Schatten, der nur auf meinen nächsten Befehl wartet. Sie war von Gott als mein Gegenstück geschaffen worden, eine Person, die ich brauchte, die mir helfen sollte, all das zu werden, was Gott für mich im Sinn hatte.

Vier Grundsätze der Ehe

Sehen wir uns noch einmal die letzten beiden Verse im 1. Buch Mose, Kapitel 2, an:

Darum wird ein Mann seinen Vater und seine Mutter verlassen und seinem Weibe anhangen, und sie werden sein ein Fleisch. Und sie waren beide nackt, der Mensch und sein Weib, und schämten sich nicht.

Lesen Sie diese Worte noch einmal — langsam und nachdenklich, am besten laut. Sie werden bemerkt haben, daß in dem Text keine Anführungszeichen stehen — vermutlich ein Hinweis darauf, daß diese Worte nicht dem ursprünglichen Dialog zwischen Gott und Adam entstammen. Beachten Sie auch die Verwendung der Begriffe Vater und Mutter. Offensichtlich beziehen sich diese Verse nicht nur auf Adam und Eva, denn das erste Ehepaar der Weltgeschichte besaß weder Vater noch Mutter. Ich vermute, daß Gott Mose viele Jahre später diese Gedanken als Richtlinien für alle Ehen eingab. Sie sind die erste klare Darstellung der Prinzipien der Ehe.

Auf der Grundlage des Studiums dieser Verse möchte ich vier Grundsätze einer guten Ehe vorschlagen. Jede läßt sich durch einen bestimmten Begriff ausdrücken, die Sie vielleicht am Rand Ihrer Bibel notieren sollten.

... Wird ein Mann seinen Vater und seine Mutter verlassen	*Trennung*
... und seinem Weibe anhangen	*Permanenz*
... und sie werden sein ein Fleisch	*Einheit*
... Und sie waren beide nackt, der Mensch und sein Weib, und schämten sich nicht	*Intimität*

Ohne Ehekonflikte vereinfachen zu wollen, kann ich sagen, daß bei jeder schwierigen Situation, mit der ich zu tun gehabt habe, einer oder mehrere dieser Grundsätze außer acht gelassen oder verletzt worden sind. Sie sind für häusliche Harmonie eine Grundvoraussetzung. Ich sage das so ausdrücklich, damit Sie sie ernst nehmen. Es ist anzunehmen, daß, wenn Sie versuchen, Ihre Ehe ernsthaft auf diesen Grundsätzen aufzubauen, Sie auf einmal auf die Antworten stoßen, die Sie gesucht haben. Weil sie von so großer Bedeutung sind, werde ich eine detaillierte Diskussion auf das nächste Kapitel verschieben.

Vorher möchte ich jedoch kurz davor warnen, diese Grundsätze in mechanischer Weise als Regeln zu behandeln. Mit anderen Worten, man soll sie nicht als »vier Schritte zur völligen Eheharmonie« im Sinne einer magischen Formel sehen. Sie müssen mit *Weisheit, Verstand* und *Erkenntnis* verbunden werden. Ohne diese drei wichtigen Zutaten wird es Ihnen nicht gelingen, das Feuer Ihrer Ehe wieder neu zu entfachen.

Die wichtigen Dinge des Lebens

Nehmen Sie sich Zeit, über die Worte des Königs Salomo nachzudenken:

> *Durch Weisheit wird ein Haus gebaut und durch Verstand erhalten, und durch ordentliches Haushalten werden die Kammern voll kostbarer, lieblicher Habe.(Sprüche 24, 3 – 4)*

Der Verfasser beschreibt die wesentlichen Dinge, von denen ein harmonischer Haushalt abhängt. Es handelt sich dabei nicht um materielle Dinge wie Vorhänge, die zum Teppich passen, eine Garage für zwei Autos oder ein neues Sofa. Nein, diese Verse sagen uns, daß die wahre Antwort nicht in dem liegt, was wir besitzen, sondern in dem, was wir sind. Unsere Ehe läßt sich nicht dadurch wiederherstellen, daß wir die richtigen Dinge kaufen, sondern dadurch, daß wir zu den richtigen Menschen werden. Ein Heim wird durch Weisheit gebaut ... seine Struktur wird durch Verstand erhalten ... seine Räume werden durch Erkenntnis bereichert.

Sehen wir uns einmal die Verben an: gebaut werden, erhalten, voll werden. Diese Worte vermitteln den Gedanken der Handlung, des Fortschritts, der Veränderung. Das erste Wort, »gebaut werden« stammt von einem hebräischen Wort das »wiederherstellen« bedeutet. Gedacht ist dabei an ein »Wiederaufbauen, damit es gedeiht«. Es handelt sich um dasselbe Wort, das in 1. Mose 2 vorkommt, wo beschrieben wird, wie Gott eine Rippe Adams nahm und die knochige Substanz zu Eva »umbaute«. Was Salomo sagen will, ist unmißverständlich. Jedes Heim kann wiederhergestellt, neu aufgebaut werden. Es ist nie zu spät. Aber es geschieht nicht automatisch. Weisheit ist eine der Grundvoraussetzungen. Wir werden etwas später mehr darüber sagen.

Was gebaut ist, kann wieder zerfallen. Es muß ständig erhalten werden, und das erfordert Verstand.

Drittens, jedes Zimmer »wird voll«, d. h. zum Überfließen gefüllt, und dieser Gedanke spricht von Erfüllung und vollkommener Befriedigung. Dazu verhilft die Erkenntnis. Die »kostbare, liebliche Habe«, von der hier die Rede ist, hat nichts mit greifbarem Besitz zu tun — sondern vielmehr mit den wirklich bedeutenden Dingen, die das Leben erfüllen und ihm Sinn geben. Dinge wie positive Einstellungen, gute Beziehungen, schöne Erinnerungen, gegenseitiger Respekt, Charaktertiefe. Diese Dinge können nicht zerstört werden, selbst wenn Ihr Heim völlig niedergebrannt wird.

Ich sprach zum ersten Mal über die wirklich wichtigen Dinge des Lebens in unserer Gemeinde und versuchte meine Darstellung mit einem Beispiel zu illustrieren. Ich schlug vor, man sollte sich einmal vorstellen, daß man nach Hause fährt und feststellt, daß das Haus bis aufs Fundament abgebrannt ist. Nichts ist geblieben außer einem Ziegelsteinkamin und einem Stück Beton, von qualmenden Holzstücken umgeben. Ich fügte hinzu, daß dabei, obgleich uns ein solches Unglück widerfahren könnte, von unserer »kostbaren, lieblichen Habe« nichts verloren gehen würde. Man kann Erinnerungen oder Beziehungen nicht verbrennen. Charakter oder innere Einstellungen lassen sich nicht durch Feuer vernichten.

Von meinen Predigten über die Ehe wurden Tonbandaufnahmen gemacht, die jetzt überall in der Welt gehört werden. Drei Jahre später erhielt ich einen Brief von einer Frau, die das Tonband mit diesem Beispiel gehört hatte. Sie schrieb:

> Sehr geehrter Pastor Swindoll!
>
> Vor zwei Jahren fand in unserem Heim jede Woche eine Bibelstunde statt. Wir hörten uns jede Woche eines Ihrer Tonbänder aus einer bestimmten Serie an, und in einer bestimmten Woche sprach mich eine Ihrer Botschaften ganz besonders an.
>
> Sie sprachen davon, Schätze im Himmel anzuhäufen. Sie stellten die Frage: »Was würden Sie tun, wenn Sie nach Hause kämen und Ihr Haus wäre ein Haufen rauchender Trümmer?« Diese Frage bewegte mich zutiefst, denn ich hatte ein Haus voller antiker Gegenstände, die sich im Laufe von drei Generationen angesammelt hatten, und die ich restauriert hatte. Diese »Dinge« erinnerten mich an unsere Vergangenheit und meine Großeltern.
>
> Nun, sechs Monate später, kam ich eines Tages nach Hause, und unser zweistöckiges Eigenheim war ein Haufen rotglühender Asche. Ich dankte dem Herrn, daß er mich sechs Monate vorher auf so liebevolle Weise durch Ihre Botschaft auf dem Tonband darauf vorbereitet hatte ... ich wußte sofort, daß ich in Wahrheit nichts verloren hatte ...

Wie bemerkenswert und wahr! Keine Tragödie kann die Dinge zerstören, die eine Ehe stark machen.

Heutzutage machen viele Ehepaare einen ernsten Fehler. Sie arbeiten sich buchstäblich zu Tode, um dies und jenes kaufen zu können, ihr Haus mit Apartem zu füllen und bequemlich zu machen. Aber diese Dinge können nicht befriedigen. Sie verblassen und verlieren ihre Bedeutung schnell.

Die drei wesentlichen Eigenschaften

Gott sagt uns, daß wir nur drei wesentliche Eigenschaften brauchen, um unsere Ehe wiederherzustellen und gedeihen zu lassen.

Sie sind:

Weisheit: Mit Urteilskraft erkennen. Ein weiser Mensch hat eine breite Perspektive. Der Begriff beinhaltet die richtige Einschätzung von Situationen, die Fähigkeit, Zusammenhänge zu spüren, die sich unter der Oberfläche befinden.

Verstand: Einblick in die Zusammenhänge. Verstand ist nötig, um Ihre Ehe zu erhalten. Wenn ich etwas kritisch urteilend (von Gottes Perspektive her) betrachte, dann fällt es mir leichter, vernünftig zu reagieren, und ich empfinde nicht das Bedürfnis, alles persönlich zu nehmen oder irgendwie zurückschlagen zu müssen.

Erkenntnis: Lernen mit Durchblick. Dazu gehört, daß man gewillt ist, zu lernen und zuzuhören, ein Verlangen, die Wahrheit zu entdecken. Erkenntnis bedeutet, daß man sich die Zeit nimmt und die Mühe macht, zu lernen. Wachsende, gesunde Partner suchen stets nach der Wahrheit.

Auf der Grundlage dieser Wortanalyse wollen wir die beiden Verse noch einmal paraphrasiert wiedergeben:

> *Durch Weisheit — die Fähigkeit, mit Urteilskraft zu erkennen, eine breite und trotzdem richtige Lebensschau zu haben — wird ein Haus neu aufgebaut, wiederhergestellt, damit diejenigen, die darin leben, nicht bloß existieren, sondern gedeihen, ihr volles Potential entfalten. Durch Verstand, einen Einblick in die Zusammenhänge, der nicht auf der Oberfläche bleibt — bringt man Ordnung und eine aufrechte Haltung zurück in die Ehe und das Heim.*
>
> *Durch Erkenntnis, den Willen zu lernen, mit den Tatsachen vertraut zu werden, damit Unwissen beseitigt und stets die Wahrheit gesucht wird — füllt sich jedes Leben bis zum Überfluß mit Reichtümern, die nie zerstört werden können, wie Erinnerungen und positive Einstellungen, gegenseitiger Respekt und Charaktertiefe.*

Jetzt sehen Sie, warum ich Sie vor einer »mechanischen« Einstellung und einer »magischen Formel«-Denkweise gewarnt habe. Jetzt sehen Sie, warum ich diese drei wesentlichen Eigenschaften beschreiben wollte, bevor ich die vier Grundsätze in 1. Mose 2, 24 – 25 näher diskutiere. Jeder Grundsatz setzt Weisheit, Verstand und Erkenntnis voraus. Man kann nicht einfach vier Grundsätze auswendig lernen und dann hoffen, daß seine Ehe auf einmal blüht und gedeiht.

Es läßt sich nicht machen!

Zweifelsohne stellen Sie jetzt die Frage: Wie ist das möglich? Wie kann ich Weisheit, Verstand und Erkenntnis erlangen? Die Antwort liegt nicht in einer Liste von Geboten und Verboten. Auch läßt sie sich nicht in irgendeinem Buch oder Seminar finden oder an irgendeinem Ort in der Welt, wo diese Dinge ausgegeben werden. Die Antwort liegt vielmehr wieder in der Bibel. Wir lesen in Sprüche 2, 6:

> *Denn der Herr gibt Weisheit, und aus seinem Munde kommt Erkenntnis und Einsicht.*

Ein Begleitvers dazu ist Psalm 127, 1:

> *Wenn der Herr nicht das Haus baut, so arbeiten umsonst, die daran bauen. Wenn der Herr nicht die Stadt behütet, so wacht der Wächter umsonst.*

Nur der Herr kann Ihnen diese Fähigkeiten geben. Sie können das nicht allein schaffen. Unabhängig von ihm werden Sie nichts erreichen. Wenn Sie versuchen, es aus eigener Kraft zu schaffen, werden Sie nur Enttäuschung und Frustration erleben. Vergessen Sie nicht, der *Herr* gibt diese Gaben. Wenn der Herr es nicht vollbringt, arbeiten Sie umsonst. Das heißt, daß Sie ein Christ sein müssen ... und Sie müssen sich regelmäßig an ihn wenden. Ich werde auf den folgenden Seiten einige praktische Ratschläge geben, aber letzten Endes kann nur der Herr Ihnen diese drei Eigenschaften geben. Vergessen Sie nicht, die Ehe ist *seine* Erfindung. Er besitzt das Patent.

Jetzt ist der richtige Augenblick, damit zu beginnen. Erinnern Sie sich an Adam? Gott erklärte: »Nicht gut!« Werden Sie sich über Ihre Not im klaren. Beginnen Sie heute.

Die Methode, der Sie folgen müssen, ist Gottes Methode. Sie brauchen nicht in die Bücherei zu laufen und in sechs verschiedenen Büchern nachlesen. Die werden sich wahrscheinlich widersprechen und Sie nur verwirren. Gottes Methode ist direkt. Folgen Sie seinen Anweisungen.

Die Person, die sich ändern muß, sind Sie, nicht Ihr Partner, nicht Ihre Umstände. Mit Weisheit, Verstand und Erkenntnis können Sie aus einem völlig neuen Bezugsrahmen her handeln. Sie können trotz weniger idealer Umstände Erfüllung finden. Die Person, auf die in diesem Buch das Hauptaugenmerk fällt, sind Sie.

Charlie Shedd hatte recht, wenn er sagte: »Ehe ... hat nicht so viel mit dem Finden der richtigen Person zu tun, sondern damit, daß man die richtige Person *ist.*« Ich möchte davon im nächsten Kapitel reden. Am besten atmen Sie vorher tief ein. Es mag Sie verletzen. In der Regel muß man erst einmal sprengen, bevor man bauen kann.

Wenn Sie wollen, dann fangen Sie mit mir auf dem untersten Niveau an. Wir müssen das Fundament neu legen.

2 Wir müssen das Fundament neu legen

Es war bei einer Fernsehshow. Der Gast war Schauspieler, für seine romantischen Rollen weltbekannt. Die unvermeidliche Frage wurde gestellt: »Was macht einen Mann zu einem guten Liebhaber?« Ich bin sicher, daß jeder, der die Show sah, mit der üblichen Playboy-Antwort rechnete (ich selbst eingeschlossen). Zur großen Überraschung des Moderators und des Publikums fiel seine Antwort völlig anders aus:

> »Ein wahrer Liebhaber ist jemand, der eine Frau ihr ganzes Leben lang befriedigen und von einer Frau sein ganzes Leben lang befriedigt werden kann. Ein guter Liebhaber ist nicht jemand, der von Frau zu Frau geht. Jeder Hund kann das.«

Das war wirklich eine außergewöhnliche Antwort! Möge diese Art von Liebhabern zunehmen! Leider jedoch sind die vielen modernen ‚Autoritäten' auf dem Gebiet der Eheberatung in der Mehrheit. Man könnte in Wirklichkeit von einem Krieg sprechen, der sich in der Presse und auf der Kinoleinwand, auf dem Fernsehbildschirm und in den Vorlesungssälen abspielt, unter Studenten und zornigen Feministen, sowie in der heutigen Literatur. Kaum eine Woche vergeht, in der man nicht hört, daß die Ehe Frauen unterdrückt. Deshalb werden Alternativen zur Ehe angeboten und verkündigt, daß die alten Familienkonzepte überholt sind und durch neue Arrangements ersetzt werden müssen, die dem nuklearen Zeitalter angemessen sind.

Handelt es sich hier um einen theoretischen oder einen wirklichen Krieg? Ist die Bombardierung wirkungsvoll gewesen? Nach einer Umfrage, die 1971 abgehalten wurde, wuchs die Zahl der Studenten, die der Überzeugung waren, daß die Ehe überholt ist, dramatisch. Zunächst belief sie sich auf 24 Prozent. Im Mai 1971 war die Zahl auf 34 Prozent angestiegen. Das bedeutet, daß jeder dritte Student die Ehe für überholt hielt! Diese Umfrage ist mittlerweile mehr als zehn Jahre alt. Der Krieg über die Ehe ist keineswegs theoretisch. Und selbst wenn Sie sich Ihrem Partner fest verpflichtet fühlen, so werden Sie doch von diesen Kontroversen in unserer Gesellschaft nicht unberührt bleiben.

Im ersten Kapitel haben wir gelernt, daß der Gott, der Mann und Frau erschaffen hat, auch den Weg beschrieben hat, auf dem sie harmonisch miteinander leben können (1. Mose 2). In Sprüche 24, 3 – 4 entdeckten wir die drei wesentlichen Eigenschaften, die uns helfen, in unserer Ehe Erfüllung zu finden: Weisheit, Verstand und Erkenntnis. Ohne sie fehlt uns der Schutz vor den Angriffen des Feindes, unsere Ehe wird geschwächt und schließlich ihr Feuer verlieren.

Wir wollen 1. Mose 2, 24 – 25 noch einmal genauer studieren und die Richtlinien analysieren, die der Herr Adam und Eva gab. Erinnern wir uns daran, daß diese Richtlinien für alle Ehen gelten sollen, nicht nur für die erste. Das wird durch die Tatsache bestätigt, daß Jesus viele Jahrhunderte später sich auf 1. Mose 2 berief, als er eine Frage bezüglich der Scheidung beantwortete (Matthäus 19, 4 – 5). Gleichermaßen Paulus, als er in Epheser 5, 22 – 23 über das Thema der Ehe schrieb. Diese Richtlinien sind in jedem Zeitalter gültig, und genauso relevant und verläßlich heute wie zu der Zeit, in der Gott sie zum ersten Mal gegeben hat. Obwohl sie alt, bekannt und verläßlich sind, werden sie trotzdem ständig ignoriert.

Trennung

Die erste Richtlinie, die Gott verkündete, lautete:

> *»Darum wird ein Mann seinen Vater und seine Mutter verlassen...«*

Damit die neue Beziehung zwischen Braut und Bräutigam gedeihen kann, muß eine Trennung von den Eltern stattfinden. Das soll nicht heißen, daß wir unsere Eltern im Stich lassen, sie ignorieren, mißhandeln oder allen Kontakt mit ihnen abbrechen sollen. »Vater und Mutter verlassen« heißt vielmehr, daß die alte Verbindung zwischen Eltern und Kind getrennt wird, d. h. die enge emotionale Abhängigkeit, die mit Sicherheit, Schutz, finanzieller Hilfe und materieller Unterstützung im Elternhaus verbunden war. Wenn irgendwelche dieser Abhängigkeiten noch mit in die Ehe eingebracht werden, kann die Verbindung der Ehe nicht endgültig besiegelt werden. Deshalb erwähnt Gott das zuerst, bevor er von dem »anhangen« aneinander spricht.

Das ist guter Rat sowohl für Eltern als auch für Neuvermählte. Geben Sie Ihr Kind frei! Das ist das beste Hochzeitsgeschenk, das

Sie ihm machen können. Sie sollten das auch irgendwie verbal bestätigen. Ich kenne einige Eltern, die ihre Gefühle und Entscheidungen sogar auf ein Stück Papier schrieben und es dem Hochzeitspaar am Tag der Trauung übergaben. Das ist eine gute Idee!

Trennung hat auch auf Braut und Bräutigam einen permanenten Einfluß. Das Verlassen von Vater und Mutter ist für manche eine schmerzliche und schwierige Entscheidung und hindert manche sogar daran, eine ernsthafte Beziehung mit einer Person anderen Geschlechts einzugehen.

Trennung ist eine grundlegende Voraussetzung für eine gesunde Ehe. Ich möchte dem noch einen Gedanken kurz beifügen. Ihr Gatte ist Ihr Ehemann, und nicht Ihr »Papa«. Ihre Frau ist Ihre Frau, nicht Ihre »Mama«. Ganz gleich wieviele Kinder Gott Ihnen schenkt ... ganz gleich, wie lange Sie verheiratet sind, wenn Sie sich »Mama« und »Papa« nennen, kann sich das negativ auf Ihre romantischen Gefühle füreinander auswirken. Sie verlassen Vater und Mutter — Sie heiraten sie doch nicht!

Permanenz

Um den Krieg zu überleben, müssen sich die Partner einer Ehe gegenseitig verpflichtet sein in einer unwiderruflichen, permanenten Bindung. Lesen wir noch einmal den Vers:

> *»Darum wird ein Mann ... verlassen und seinem Weibe anhangen ...«*

Verlassen und anhangen. Trennen und binden. Der hebräische Ausdruck, der mit »anhangen« übersetzt wird, bedeutet »kleben, festklammern«. Mose schreibt von Krankheiten, die am Körper klebten. Hiob spricht von Knochen, die an der Haut »kleben«. Beide gebrauchen das gleiche Wort.

Das heutige Problem läßt sich weitgehend dadurch erklären, daß viele Paare mit dem Bewußtsein die Ehe schließen, daß dieses Verhältnis unter Umständen aufgelöst werden könnte. »Bis der Tod uns scheidet« ist leider zu einer leeren Formel geworden für viele. Der Begriff einer permanenten Bindung zwischen Mann und Frau ist zu einem fremden, unbekannten Gedanken geworden. Immer mehr wird es so ausgelegt: »Bis Auseinandersetzungen uns scheiden«, oder »bis andere Interessen uns scheiden«. So war es von Gott nie gemeint.

Cynthia und ich haben seit mehreren Jahren beschlossen, unsere Beziehung dadurch zu stärken, daß wir regelmäßig unsere permanente gegenseitige Verpflichtung bestätigen. Das ist etwas, das wir viel zu lange als einfach selbstverständlich hingenommen haben. Jetzt setzen wir es nicht mehr stillschweigend voraus. Periodisch, zu verschiedenen Zeiten im Jahr (vor allem am Neujahrstag, unserem Hochzeitstag und unseren Geburtstagen) versichern wir einander unsere Liebe, unsere gegenseitige Hingabe und Verpflichtung zueinander. Und das hilft tatsächlich! Für uns ist Trennung nie eine Option, selbst bei starken Auseinandersetzungen, und manchmal kracht es wirklich! Das gehört alles zum »anhangen«. Ganz gleich, welches Problem sich uns in den Weg stellt, wir suchen nach einer Lösung, und die Bindung, die Gott im Juni 1955 versiegelte, dürfen wir nicht brechen.

Während der schwierigsten Tage Englands in den späten 1930er und frühen 40er Jahren wurde das Land von einem unansehnlichen, zigarrenrauchenden Mann zusammengehalten. Während andere Stimmen riefen: »Aufgeben!« blieb Sir Winston Churchill standhaft. Bomben zerstörten Häuserreihen, Gebäude wurden zu Trümmerhaufen, Brücken fielen ein, aber der störrische Premier weigerte sich, von seiner Haltung abzuweichen. Er dachte nicht daran, zu kapitulieren oder auch nur mit den Nazis zu verhandeln. Er handelte nach einer ganz einfachen Faustregel. Bei mehreren Gelegenheiten beschrieb Churchill seine Philosophie in sechs Worten:

»Kriege werden nicht durch Evakuierungen gewonnen!« Kapitulation ist keine Option, wenn man einen Krieg gewinnen will ... oder eine erfolgreiche Ehe führen will. Ich stimme mit einem Anwalt aus San Franzisko überein, der bei einer Versammlung einmal sagte: »Es gibt zwei Vorgänge, die nicht voreilig begonnen werden dürfen: Begräbnis und Scheidung.«

Zuerst kommt die Trennung von den Eltern, dann die Permanenz der Bindung zwischen Mann und Frau. An dritter Stelle kommt die

Einheit

Hören wir den Worten dieses Verses noch einmal zu:

> *Darum wird ein Mann seinen Vater und seine Mutter verlassen und seinem Weibe anhangen, und sie werden sein ein Fleisch.*

Wir interessieren uns für den letzten Teil des Verses. Hier wird ein langer Vorgang beschrieben, und nicht etwas, das mit einem Mal plötzlich geschieht. Zwei Menschen mit verschiedenem Hintergrund, Temperament, verschiedenen Gewohnheiten, Narben, Gefühlen, Eltern, Gaben und Interessen verlassen die Hochzeitszeremonie nicht auf einmal in perfekter Einheit. Der Vorgang *beginnt* jedoch dort. Es ist ein lebenslanges Projekt, das der Weisheit, des Verstandes und der Erkenntnis bedarf.

Einheit darf nicht als Einheitlichkeit mißverstanden werden. Gott brachte Eva zu Adam ... und dabei sollte sie nicht ein weiblicher Adam sein, sondern selbst einzigartig und offensichtlich anders als er. Einförmigkeit finden wir in Bäckereien, wo die Teilchen mit Hilfe von Maschinen aus dem Teig geformt werden, oder in Autofabriken, wo die Wagen am Fließband zusammengesetzt werden. Einförmigkeit ist in einer Armee von wesentlicher Bedeutung, wo alle das gleiche Training erhalten und der gleichen Disziplin unterliegen. Aber das ist nicht das, woran Gott dachte, als er erklärte, die zwei würden ein Fleisch sein.

Vielmehr ging es dabei um den Gedanken der gegenseitigen Annahme, des Gebens, Zuhörens, der Vergebung, der gegenseitigen Zugehörigkeit. Es bedeutet, daß zwei Menschen ihr Leben miteinander teilen, um damit den anderen zu erfüllen. Lesen Sie einmal, was der Apostel Paulus dazu zu sagen hat:

> *Der Mann leiste der Frau die schuldige Pflicht, desgleichen die Frau dem Manne. Die Frau ist ihres Leibes nicht mächtig, sondern der Mann. Desgleichen der Mann ist seines Leibes nicht mächtig, sondern die Frau. (1. Korinther 7, 3 – 4)*

Das Bild stellt völlige Selbstlosigkeit dar, zwei Personen, die aktiv seine/ihre Pflicht dem andern gegenüber »leisten«. Wie selten finden wir diese Einstellung heute!

Selten ist das Konzept der Einheit so gut dargestellt worden wie von dem verstorbenen Peter Marshall. Er beschrieb eheliche Harmonie folgendermaßen:

> Die Ehe ist nicht ein Bündnis zweier souveräner Staaten.
> Sie ist eine Vereinigung —
> häuslich — sozial — geistlich — körperlich.
> Sie ist eine Verschmelzung zweier Herzen,
> die Vereinigung zweier Leben,
> das Ineinanderfließen zweier Nebenströme,
> die, nachdem sie in der Ehe verbunden sind,

im gleichen Kanal fließen werden
in der gleichen Richtung —
sie tragen die gleiche Last der Verantwortung
und Verpflichtung.

Wenn Sie das Feuer Ihrer Ehe wieder entfachen wollen, setzt das Trennung von den Eltern, Permanenz, wachsende Einheit voraus, so daß beide eins werden, und ...

Intimität

Nehmen Sie sich Zeit, um darüber nachzudenken, in welcher Reihenfolge uns Gott diese unveränderlichen Grundprinzipien offenbart. Von der Sicherheit der gegenseitigen Verpflichtung umgeben, von der Annahme, die nur durch gegenseitigen Respekt und Liebe möglich ist, und einer nicht zu leugnenden Einheit von Sinn und Zielen ... da sind die Freuden persönlicher Intimität nicht nur vorhanden, sondern sie gedeihen. Das erklärt folgendes:

Und sie waren beide nackt, der Mensch und sein Weib, und schämten sich nicht.

Dieser Grundsatz der Intimität erscheint als letzter auf Gottes Liste. Dafür gibt es einen klaren Grund. Die Freuden der Intimität zwischen Mann und Frau können deshalb erfahren werden, weil Trennung, Permanenz und Einheit so offensichtlich vorhanden sind. Wenn man den Zusammenhang dieser anderen drei Grundsäulen wegnimmt, schwindet die Intimität schnell.

Bevor ich mehr darüber sage, wie der intime Aspekt der Ehe heute verdreht wird, möchte ich mich erst einmal näher mit 1. Mose 2, 25 beschäftigen. Der hebräische Ausdruck, der mit »nackt« übersetzt wird, vermittelt den Eindruck von »bloßgelegt«. Er hebt das völlige und uneingeschränkte Nacktsein hervor. Wenn der Vers hinzufügt »und schämten sich nicht«, so deutet die ursprüngliche Satzkonstruktion daraufhin, daß hier gemeint ist »sie schämten sich nicht vor- oder miteinander«. Sie hatten voreinander keine verborgenen Bereiche ihres Lebens, sie kannten weder Verlegenheit noch Furcht. Ihr Leben war völlig transparent, sie kannten keinerlei Befangenheit. Daraus erwuchs eine ungehemmte Freiheit — gefühlsmäßig und körperlich, innerlich und äußerlich.

Die Abwesenheit von Sünde gestattete solche ungestörte Verzückung. Ich halte es für höchst bedeutungsvoll, daß im nächsten

Kapitel, als die Sünde in ihr Leben kam, Adam und Eva sich sofort bedeckten. Zum ersten Mal waren sie sich ihrer Nacktheit bewußt.

> *Und Gott der Herr rief Adam und sprach zu ihm: Wo bist du? Und er sprach: Ich hörte dich im Garten und fürchtete mich; denn ich bin nackt, darum versteckte ich mich.*
> *(1. Mose 3, 9 – 10)*

Zum ersten Mal in der ganzen Weltgeschichte erlebte der Mensch diese Art der Befangenheit. Bis dahin war jeder so sehr mit dem anderen beschäftigt (dank ihrer Sündlosigkeit), daß ihnen ihre Nacktheit überhaupt nicht aufgefallen war. Ihre ungeschützte Transparenz führte zu ungehemmter Intimität. Genauso hatte es Gott ursprünglich geplant.

Wie anders ist es doch heute! Von dem Schmutz der Sünde krank, blind und verkrüppelt, ringen Menschen ernsthaft darum, offene Beziehungen zueinander zu knüpfen. Das gleiche gilt für Ehepartner. Intimität ist deshalb oft ein frustrierender Kampf, eine seltsame Mischung von Selbstsucht, Verlegenheit, Unzufriedenheit und Ressentiment ... mit nur kurzen Augenblicken des Vergnügens und der Erfüllung. Weil dieses Thema etwas kompliziert ist, habe ich ihm ein ganzes Kapitel gewidmet, in dem wir die Hauptfragen diskutieren werden — Kapitel 5.

Manche sind der Ansicht, daß die einzige Antwort auf sexuelle Frustration darin liegt, eine oder mehrere Affären zu haben. Statt die Fähigkeiten der Intimität zu erwerben (ja, der Liebesakt erfordert *Fähigkeiten,* die man lernen muß) bieten außereheliche Eskapaden scheinbar das Vergnügen ohne die Verantwortung an.

Intimität, erfüllende, schöne und sinnvolle Intimität gehört in den von Gott bestimmten Zusammenhang der gegenseitigen Verpflichtung, Annahme und ehelichen Harmonie. Das alles gehört zu Gottes Plan, und der läßt sich nicht verbessern, wenngleich mit sehr viel Propaganda heute das Gegenteil behauptet wird. Wer sich danach richtet, muß die Kosten tragen.

Trennung
Permanenz
Einheit
Intimität

Auf diesen Grundsätzen beruht alles andere.

Und die Werkzeuge für den Bau einer harmonischen Ehe?

Weisheit
Verstand
Erkenntnis

Der Mensch in seiner Genialität wurstelt gerne am ursprünglichen Plan herum und ersinnt Änderungen. Er streicht dieses, arrangiert jenes um, nimmt etwas fort, fügt anderes hinzu ... bis es dem, was Gott geschaffen hat, kaum noch ähnelt. Das Ergebnis? Man braucht sich nur einmal umsehen, den Medien zuhören, zusehen, was in den Gerichtssälen geschieht. Es hat mit dem ursprünglichen Plan Gottes nicht mehr viel gemein.

Vielleicht zeigt Gott Ihnen nach vielen Jahren, daß Ihre Ehe auf tönernen Füßen steht, weil das Fundament nicht fest genug ist. Haben Sie keine Angst, das zuzugeben, denn oft ist damit schon der erste Schritt zu einer Lösung getan. Und oft ist es ein *riesiger* Schritt. Wenn Sie bereit sind, das Fundament neu zu legen, dann werden Sie keine großen Schwierigkeiten haben, die richtigen Ziegelsteine zu wählen, um Ihre Ehe neu aufzubauen.

3 Die Bausteine einer Ehe

Die vierjährige Susie hatte gerade zum ersten Mal in ihrem Leben die Geschichte von Schneewittchen und den sieben Zwergen gehört. Sie konnte kaum das Ende der Zeit im Kindergarten abwarten, um ihrer Mutter davon zu erzählen. Voller Aufregung berichtete sie der Mutter. Nachdem sie erzählt hatte, wie der Prinz auf seinem schönen weißen Pferd zurückgekehrt war und Schneewittchen durch einen Kuß wieder zum Leben erweckt hatte, fragte Susie laut:
»Und weißt du, was dann geschah?«
»Ja«, antwortete ihre Mutter. »Sie lebten glücklich und zufrieden bis an ihre Ende.«
»Nein«, antwortete Susie mit einem Stirnrunzeln »... sie heirateten.«

Mit kindhafter Unschuld hatte dieses kleine Mädchen eine tiefe Wahrheit ausgesprochen, ohne sich dessen bewußt zu sein. Heiraten und Glück sind nicht unbedingt dasselbe. Der Hauptfaktor hierfür ist der, daß Ehepaare von Gottes ursprünglichem Plan abgewichen sind. Sie haben ihn entweder abgeändert oder ganz und gar vergessen. Das Fundament der Ehe ist nicht richtig gelegt worden. Es überrascht deshalb nicht, daß der Bau auf die Dauer nicht standhält. Reparaturen sind teuer und kosten viel Zeit ... aber anders geht es nicht. Vergessen wir nicht, was wir bereits im Buch der Sprüche gelernt haben:

> *Durch Weisheit wird ein Haus gebaut und durch Verstand erhalten, und durch ordentliches Haushalten werden die Kammern voll kostbarer, lieblicher Habe. (Sprüche 24, 3 – 4)*

Eine Ehe *kann* durch Weisheit neu aufgebaut werden. Sie *kann* mit Verstand erhalten werden. Sie *kann* mit unzerstorbaren Dingen gefüllt werden, die kein Unglück beschädigen und kein Dieb stehlen kann. Dazu gehört Erkenntnis. Ich möchte Sie an diese drei Faktoren erinnern, damit Sie nicht meinen, daß die Transformierung Ihres Hauses in ein Heim lediglich eine Frage des Baumaterials ist. Ein sensibler, intelligenter Geist, eine aufgeschlossene und positive Haltung, ein lernbegieriges, williges Herz sind die wesentlichen Bestandteile einer Ehe. Deswegen müssen Sie sich vor allem um diese Bereiche kümmern.

Aber es gibt auch einige praktische Baumaterialien, die Gott in seinem Plan vorgesehen hat. Wir erfahren mehr über diese Bausteine in den Briefen des Paulus und Petrus im Neuen Testament. (Als ich dieses Kapitel vorbereitete und erkannte, daß wir auf den Ratschlag von Paulus und Petrus zurückgreifen müssen, war ich versucht, es mit der Überschrift »Petrus, Paulus und die Ehe« zu versehen.) Im 5. Kapitel des Epheserbriefes gibt uns Paulus eine allgemeine Darstellung der Struktur. In 1. Petrus 3 werden die einzelnen ‚Ziegelsteine' beschrieben, zusammen mit dem Mörtel, der sie zusammenhält.

Der allgemeine Aufbau

Niemand kann behaupten, eine gründliche biblische Untersuchung zu dem Thema Ehe angestellt zu haben, ohne sich mit Epheser 5, 22 – 33 beschäftigt zu haben. Paulus spricht erst zu Frauen (V. 22 – 24) und dann zu den Männern (V. 25 – 33). In beidem wird die grundlegende Rolle der Person beschrieben,und diese wird dann anhand einer Analogie erklärt.

Frauen

Paulus schreibt:

> *Die Frauen seien untertan ihren Männern als dem Herrn. Denn der Mann ist des Weibes Haupt, gleichwie auch Christus das Haupt ist der Gemeinde, die er als seinen Leib erlöst hat. Aber wie nun die Gemeinde ist Christus untertan, so seien es auch die Frauen ihren Männern in allen Dingen.*

Man braucht kein Experte im Griechischen zu sein, um zu erkennen, daß Paulus hier ein Gebot ausspricht: »Frauen, seid untertan euren Männern«, und dann wird das verglichen mit »als dem Herrn«. Für die Frauen ist die Hauptrolle eine der Unterordnung, und der Vergleich wird mit der Unterordnung »dem Herrn« gegenüber gezogen. So wie die christliche Frau sich dem Herrn unterordnen würde, soll sie das auch ihrem Mann gegenüber tun.

Männer

Paulus fügt hinzu:

> *Ihr Männer, liebet eure Frauen, gleichwie auch Christus geliebt hat die Gemeinde und hat sich selbst für sie hingegeben.*

Auch das ist nicht kompliziert. Die Hauptrolle des Mannes ist die des Liebenden, und hier wird der Vergleich gezogen: »Gleichwie auch Christus geliebt hat die Gemeinde und hat sich selbst für sie gegeben«.

Beide Rollen sind einzigartig, und beide werden mit Jesus Christus verglichen. Die gottesfürchtige Ehefrau fragt: »Herr, wie kann ich dir meine Liebe beweisen in der Rolle, zu der du mich berufen hast?« Gott antwortet: »Mein liebes Kind, zeige sie in einem gehorsamen Herzen deinem Ehemann gegenüber.« Der gottesfürchtige Ehemann fragt: »Herr, wie kann ich der Mann sein, der ich als Ehegatte sein soll?« Gott antwortet: »Mein Sohn, deine grenzenlose Liebe für deine Frau zeigt der Welt und mir die Art der Liebe, die du für mich besitzt.«

Zwei Fragen

Diese Verse enthalten zwei verborgene, allerdings durchdringende Fragen, die sich jeder Ehepartner stellen muß. Die Frau muß mit ihrer Rolle zurechtkommen und sich die Frage stellen: »Liebe ich meinen Mann genug, um für ihn zu *leben*?« Genauso wichtig ist, daß der Ehegatte mit seiner Rolle zurechtkommt und sich die Frage stellt: »Liebe ich meine Frau genug, um für sie zu *sterben?«* Tiefe, durchdringende Fragen. Aber sie berühren den Kern der Sache.

Die Welt von heute spricht nicht davon, daß ein Ehemann seine Frau so lieben soll, daß er bereit ist, für sie zu sterben. Wenn man diesen Gedanken auf einer Fernsehshow erwähnen würde, kämen vom Moderator und Publikum gleichermaßen lautstarke Widersprüche. Noch schlimmer wäre es, wenn man von »Unterordnung« reden würde — d. h. von Unterordnung der Frau. Sofort wird man als unwissender Narr erklärt, der an Sklaverei und Folterkammern glaubt und der dafür ist, Frauen ans Waschbecken anzuketten. Welcher denkende Mensch kann heute noch befürworten, daß Frauen von Männern sozusagen wie Dreck behandelt werden — in eine Ecke geschoben, daß ihre Tätigkeiten auf das Wechseln von Windeln, Spülen von Geschirr, Einkaufen und Putzen begrenzt werden?

Es ist seltsam, wie zornige und falsch informierte Leute stets einen derartigen Eindruck haben, wenn das Wort »Unterordnung« fällt. Jedesmal wenn jemand so mit mir spricht, ist mir klar, daß er die biblische Lehre bezüglich der Unterordnung der Frau nicht versteht. Wenn ein Ehepaar sich so verhält, wie Gott es vorgesehen hat (mit Weisheit, Verstand und Erkenntnis), wird der Wert einer Frau erhöht und ihr Leben bereichert von dem Mann, der sie liebhat. In einer solchen Partnerschaft kann das Ehepaar Freiheit und Erfüllung erleben, wie sie sonst unmöglich ist.

Ja, ich bin realistisch genug einzusehen, daß es immer jemanden geben wird, der seine Rolle ausnutzen wird. Männer, die ihre Frauen terrorisieren, weil sie das »Haupt der Familie« sind, Frauen, die manipulieren und Intrigen spinnen, mit scheinbarer »Ergebenheit«, wie sie es von ihrer Mutter oder anderen Frauen gelernt haben. Das führt in einer Familie zu unheimlichen Spannungen. Hier zum Beispiel ist ein Brief, den ich erhielt, nachdem ich in unserer Gemeinde über Ehe und Familie gesprochen hatte:

> Diese Serie über die Ehe — wie dringend hatte ich sie nötig! Wie nötig haben wir sie — Martin (mein Mann) und ich! Wenn unsere Bekannten nur wüßten — aber Gott sei Dank wissen sie nichts davon. Es ist irgendwie einfacher, uns hinter dieser Fassade zu verbergen, das Spiel mitzumachen, das unsere Freunde von uns erwarten, während der Kampf, den Schein der Normalität zu bewahren und nicht alles auseinanderbrechen zu lassen, uns zermürbt.
>
> Was Paulus und Petrus vorschlagen — ich habe immer wieder versucht, es in die Praxis umzusetzen, aber es ist wirklich schwer, Herr. Du kennst mich und Martin. Letzten Sonntag waren wir kaum vom Gottesdienst heimgekommen, da fing Martin mit seiner »Herrscher-des-Hauses«-Art an. Die ganze Woche lang war er weg, und ich hatte die Mahlzeiten gekocht, einen genauen Zeitplan eingehalten, um alles bequem und im Gleichgewicht zu halten. Aber jetzt ist der große Christ Martin da, der Herrscher des Hauses, und er sagt den Kindern, daß sie ihr Fleisch nicht zu essen brauchen, daß sie sich am Nachmittag hinlegen dürfen, daß mein Sohn sein neues T-Shirt nicht anziehen soll, und er sieht mich vorwurfsvoll an, wenn meine Stimmung sich verschlechtert und ich weder Sanftheit noch Selbstkontrolle be-

wahren kann. Natürlich muß er sich auch anstrengen, darauf zu bestehen, daß die Kinder mir für die nicht so gut geratenen Pfannkuchen danken, und so tun, als merkten sie nicht, daß er mir beim Abwasch hilft. Gott, du allein weißt, was es diesen Mann hinter verschlossenen Türen kostet, etwas zu schenken, das nicht willkommen ist.

Hier bin ich, Herr, so wie ich bin, mit Martin und den gespannten und abgenutzten Fäden, die alles mühsam zusammenhalten und ohne die alles schon längst auseinandergefallen wäre. Ist es möglich, Herr, daß diese Fäden zu starken Seilen werden, wenn auch nur einer von uns sein Leben völlig von dir erfüllen läßt? Wir waren uns dessen einst so sicher!

Noch eins, Herr — könntest du bei Martin anfangen?

Obwohl Menschen oft falsch handeln und einander ausnutzen, ist die Struktur von Gottes Plan dennoch gültig. Woran es uns häufig fehlt, ist praktische Hilfe, das alles auch zu praktizieren. Paulus lehrt, *was* geschehen soll. Petrus erklärt *wie.* Paulus erklärt die allgemeine Struktur, den Rahmen. Petrus gibt die einzelnen Ziegelsteine, aus dem der Bau besteht, die der Ehe Farbe und Schönheit verleihen.

Bausteine der Ehe

In den ersten neun Versen in 1. Petrus 3 finden wir praktische Ratschläge für die Frau (V. 1 – 6), für den Mann (V. 7) und eine allgemeinde Zusammenfassung (V. 8 – 9).

Nehmen Sie sich Zeit, alle neun Verse langsam durchzulesen und darüber nachzudenken.

> *Desgleichen sollt ihr Frauen euren Männern untertan sein, auf daß auch die, die nicht glauben an das Wort, durch der Frauen Wandel ohne Wort gewonnen werden, wenn sie sehen, wie ihr in Reinheit und Gottesfurcht wandelt. Euer Schmuck soll nicht auswendig sein mit Haarflechten und Goldschmuck oder Kleiderpracht, sondern der verborgene Mensch des Herzens im unvergänglichen Schmuck des sanften und stillen Geistes! Das ist köstlich vor Gott! Denn so haben sich auch vorzeiten die heiligen Frauen geschmückt, die ihre Hoffnung auf Gott setzten und ihren Männern untertan waren, wie die Sara Abraham gehorsam war und hieß*

ihn Herr, deren Töchter ihr geworden seid, wenn ihr recht tut und euch durch nichts beirren lasset.

Desgleichen, ihr Männer, wohnet bei ihnen mit Vernunft und gebet dem weiblichen als dem schwächeren Geschlecht seine Ehre. Denn auch die Frauen sind Miterben der Gnade des Lebens, und euer gemeinsames Gebet darf nicht gehindert werden.

Endlich aber seid allesamt gleichgesinnt, mitleidig, brüderlich, barmherzig, demütig.

Vergeltet nicht Böses mit Bösem oder Scheltwort mit Scheltwort, sondern dagegen segnet, weil ihr dazu berufen seid, daß ihr den Segen ererbet.

Bausteine für Frauen

Sicherlich werden viele Frauen hier einwenden: »Ich will schon gern so leben, wenn ich den richtigen Mann dafür habe.« Aber diese Verse sind besonders an die Frau gerichtet, die den *falschen* Mann hat. Wenn Sie sich in dieser Lage befinden, dann sind die vier Bausteine gerade für Sie.

Der Baustein des »Verhaltens«

Zuerst spricht Gott über Ihr *Verhalten.* Die Szene, die Petrus beschreibt, ist uns bekannt. Mürrischer Ehemann, trotzige Reaktion, und alle sind leicht irritiert. Aber obwohl es schwer sein mag, mit solch einem Mann zu leben, heißt das nicht, daß er blind ist. Er kann das Verhalten seiner gottesfürchtigen Frau nicht einfach übersehen. Dadurch wird er vielmehr letzten Endes »gewonnen«. Und das geschieht nicht dadurch, daß er kleine Notizen auf seinem Kopfkissen findet oder während des Gottesdienstes bei passenden Augenblicken mit dem Ellenbogen gestoßen wird. Vielmehr geschieht es dadurch, daß er das Verhalten seiner Frau »beobachtet«.

Dieses Wort »sehen« oder »beobachten« ist recht interessant. Im Griechischen bedeutet es »sorgfältig beobachten«, »genau hinsehen« — wie Fußballfans, die sich die Zeitlupenaufnahme eines Elfmeters ansehen. Das erinnert mich an eine Begebenheit, die sich vor ein paar Jahren ereignete. Ich bin ein begeisterter Fußballfan und habe auch meinen Sohn mit der gleichen Krankheit infiziert. Wir beide verfolgen mit fanatischer Begeisterung den Verlauf der Saison.

In jenem Jahr hatten wir wirklich die ganze Saison lang (und für manche Frauen ist sie wirklich *lang)* jedes Spiel genau verfolgt, und schließlich geschah folgendes: Mitten im Spiel, als gerade der Schiedsrichter ein besonders schwieriges Urteil treffen mußte und die betreffende Szene noch einmal im Zeitlupentempo gezeigt wurde, stellte Cynthia den Staubsauger an. Ich konnte es nicht fassen! Mein Sohn und ich verfolgten angespannt das Spiel und die Entscheidung des Schiedsrichters, und sie fing an, uns mit ihrer Maschine zu belästigen.

Ich rief: »Was um alles in der Welt soll das bedeuten, Cynthia?« Ohne aufzublicken antwortete sie: »Ich reinige das Stadion!« Verstehen Sie mich nicht falsch. Sie hat nichts gegen Fußball..., aber nach vier Monaten sah das Zimmer tatsächlich wie die Tribüne eines Fußballstadions aus...

Das Verhalten von mir und meinem Sohn wird durch das griechische Wort im zweiten Vers beschrieben. Unsere Aufmerksamkeit konzentrierte sich völlig auf das Spiel. Wir schauten nicht bloß so nebenbei hin. Wenn Frauen ständig in »Reinheit und Gottesfurcht« wandeln, wird sich die Aufmerksamkeit ihrer Männer in dieser Weise auf sie konzentrieren. Das ist »das stille Predigen eines wunderbaren Lebens« genannt worden.

Der Schmuck der Frau

Der zweite Baustein, der der Frau hilft, ihre Ehe aufzubauen, ist ihr *Aussehen.*

> *Euer Schmuck soll nicht auswendig sein mit Haarflechten und Goldschmuck oder Kleiderpracht, sondern der verborgene Mensch des Herzens im unvergänglichen Schmuck des sanften und stillen Geistes! Das ist köstlich vor Gott.*

Konzentrieren wir uns auf den Hauptpunkt dieses Verses. Was Petrus sagen will, ist klar. Die Frauen werden gewarnt, ihrem Äußeren zuviel Aufmerksamkeit zu widmen, wenn der Zustand ihres Inneren so erbärmlich ist. Das bedeutet natürlich nicht, daß Frauen sich überhaupt nicht um ihr Äußeres kümmern sollen, oder daß sie nicht schön aussehen sollen.

Manche Prediger gehen bei ihrer Auslegung dieser Verse wirklich zu weit. »Mit Haarflechten« — Sie dürfen Ihr Haar nicht flechten. »Goldschmuck« ist auch verboten — so wird gepredigt. Das Tragen von Schmuck ist »fleischlich«. Aber der Vers spricht auch von Kleidern. Es ist komisch — ich habe nie gehört, daß ein Prediger Nacktheit befürwortet hat, aber das wäre logisch der nächste Schritt in dieser Art der Interpretation.

Dieser Vers begründet kein Verbot für den Verbrauch von Kosmetika und erklärt äußere Schönheit, gutes Aussehen keineswegs für falsch. Vielmehr geht es darum, daß ein *Gleichgewicht* bewahrt wird. Das Äußere ist nicht das einzige, das zählt! Manche Frauen müssen für ihr Äußeres wirklich etwas tun. Ein altes Sprichwort sagt: »Wenn das Haus gestrichen werden muß, tue es!« Das gilt auch für manche Frauen. Leider haben manche Frauen nicht gelernt, wie wichtig es ist, daß sie ihre Attraktivität bewahren. Ihre Männer sind den ganzen Tag lang von äußerst attraktiven, gut gekleideten Frauen umgeben, und was begegnet ihnen, wenn sie um 17.30 Uhr die Küche betreten? Die total abgespannte Frau!

Wie Sie aussehen, ist von großer Bedeutung. Ein Mann interessiert sich nicht für eine Frau, die so riecht, als habe sie sich in Putzmittel gebadet, oder die den ganzen Tag wie ein ungemachtes Bett aussieht. Es ist zwar richtig, daß vor allem die Reinheit des Herzens von Bedeutung ist ... aber das bedeutet nicht, daß man schlampig sein soll. Es gibt überhaupt keinen Grund, warum eine christliche Frau sich nicht so oft wie mögich attraktiv zurechtmachen soll. Was immer auch dazu nötig ist — tun Sie es! Ihr Aussehen ist ein wichtiger Baustein, der Ihnen beim Wiederaufbau Ihrer Ehe hilft.

Die innere Haltung der Frau

Ein dritter Baustein für den Wiederaufbau einer Ehe ist die innere *Haltung*. Lesen Sie noch einmal Vers 3 und 4.

> *Euer Schmuck soll nicht auswendig sein mit Haarflechten und Goldschmuck oder Kleiderpracht, sondern der verborgene Mensch des Herzens im unvergänglichen Schmuck des sanften und stillen Geistes! Das ist köstlich vor Gott.*

Der Ausdruck »der verborgene Mensch des Herzens« ist ein neutestamentlicher Begriff für die innere Haltung der Frau. Und welche Eigenschaft ihrer Haltung hält Gott für wichtig? Er erwähnt besonders den »unvergänglichen Schmuck des sanften und stillen Geistes«. Was für eine wunderbare Beschreibung! Gott spricht von einem sanften und stillen Geist als *unvergänglich*. Und er fügt hinzu, daß er vor Gott köstlich ist. Das Wort *köstlich* kommt von dem griechischen Wort, das Petrus im ersten Kapitel (V. 7) in Bezug auf den unvergänglichen Glauben und das Blut Christi (V. 19) verwendet. Frauen, eure innere Haltung hat eine solch große Bedeutung. Sie kann nicht einfach übergangen oder ausgelöscht werden.

»Aber ich bin nicht sanft und still. Gott hat mich nicht so geschaffen!« werden einige von Ihnen jetzt sagen. Wie im Falle der Unterordnung, den wir bereits diskutiert haben, wird dieser Ausdruck oft mißverstanden. Er besagt nicht, daß die Frau schwach oder eine weibliche Türmatte sein soll. Vielmehr beschreiben diese Worte eine Person mit starkem Charakter, ausgezeichneter Selbstbeherrschung, eine Person stiller Eleganz und Würde.

Einer der Lieblingsbibelverse meiner Frau befindet sich im letzten Kapitel der Sprüche, im Zusammenhang eines Passus, der die »tüchtige Hausfrau« beschreibt (V. 10). Nachdem der Verfasser festgestellt hat, wie selten es so eine Frau gibt, wie sehr sie das Vertrauen ihres Mannes wert ist und wieviel sie von anderen Leuten respektiert wird, erklärt der Verfasser:

> *Kraft und Würde sind ihr Gewand, und sie lacht des kommendes Tages.* *(Sprüche (31, 25)*

Das ist ein Bild von ungewöhnlicher Schönheit. Sie ist innerlich mit charakterlicher Stärke und Zuversicht gekleidet. Sie ist nicht seicht, laut oder billig. Wir würden sagen: Sie ist eine tolle Frau.

»Sanft und still« zu sein bedeutet »ruhig und beherrscht«. Ist das dasselbe wie »schwach«? Ganz im Gegenteil. Diejenigen, die sich selbst unter der Kontrolle haben und von Panik und Irritiertheit frei sind, besitzen erstaunliche Stärke. Es braucht deshalb nicht zu verwundern, daß der Verfasser von Sprüche 31, 10 schrieb:

> *Wem eine tüchtige Frau beschert ist, die ist viel edler als die köstlichsten Perlen.*

Wenn Petrus das Wort »sanft« gebraucht, so meint er damit eine echte Demut, eine Person, die nicht gegen Gott oder andere kämpft. Das Wort beschreibt Abwesenheit von Kampf und Auseinandersetzung. »Still« bezeichnet »eine innere Ruhe, die die Ruhe anderer nicht stört«. Diese Art der Frau ist nicht von innerem Tumult oder äußerer Rastlosigkeit geplagt.

Bevor wir diesen dritten Baustein verlassen, möchte ich noch kurz darauf hinweisen, daß man sein Äußeres in recht kurzer Zeit zurechtmachen kann (und das ist auch wichtig), während die Pflege des »inneren Menschens und Herzens« ein lebenslanger Vorgang ist.

Das wurde mir auf unvergeßliche Weise klar, als wir eines Tages auf der Autobahn in Südkalifornien unterwegs waren. Direkt vor mir fuhr ein Wagen mit einem Ehepaar, die offensichtlich beide zur Arbeit unterwegs waren. Während er am Steuerrad saß, war sie damit beschäftigt, sich anzuziehen! Ich scherze nicht! Sie brachte alles, was sie brauchte, mit in den Wagen, und los ging's. Während der 25minütigen Fahrt war sie eifrig damit beschäftigt, sich fertigzumachen, von den Augenbrauen und Ohrringen bis zu Strümpfen und Schuhen. Hätte man diese Szene in einem Kino gezeigt, wäre Kindern sicherlich der Eintritt verboten worden. Innerhalb von 25 Minuten kann sich eine Frau in ein in Parfümwolken schwebendes Wunder verwandeln — aber »der verborgene Mensch des Herzens« — das dauert ein Leben lang.

Wie die Frau reagiert

Wir haben bis jetzt drei Bausteine zum Wiederaufbau einer harmonischen Ehe beschrieben: *Verhalten, Aussehen* und *innere Haltung.* Wir brauchen noch einen weiteren: Die *Reaktion der Frau.* Verse 5 und 6 werden uns helfen, das zu verstehen.

> *Denn so haben sich auch vorzeiten die heiligen Frauen geschmückt, die ihre Hoffnung auf Gott setzten und ihren Männern untertan waren, wie die Sara Abraham gehorsam war und hieß ihn Herr, deren Töchter ihr geworden seid, wenn ihr recht tut und euch durch nichts beirren lasset.*

Bevor Sie sich darüber aufregen, was hier von Sara gesagt wird (sie war Abraham »gehorsam«), wird es hilfreich sein zu wissen, daß das griechische Wort bedeutet, jemandem »Aufmerksamkeit zu widmen«. Hier wird der Gedanke vermittelt, eine hilfreiche positive Reaktion auf den anderen.

Frauen, bitte hören Sie mir gut zu. Wenn Sie der energische Typ sind, dann sind Sie wahrscheinlich dazu geneigt, überall hinzurasen und sich um alle möglichen Leute zu kümmern. Vereine, Unterricht und Kurse werden sich um ihre Zeit streiten. Und wenn Sie nicht aufpassen, dann werden sie sie auch bekommen, wenn nicht alle, so doch die meisten. Selbst Gemeindearbeit wird alle Zeit verschlingen, wenn Sie zur Verfügung stehen. Manche von Ihnen kümmern sich viel mehr um die Bedürfnisse von Leuten außerhalb Ihres Zuhause als um die Bedürfnisse der wichtigsten Person in Ihrer Familie.

Ich kann mir nicht vorstellen, daß Sara eine Notiz ans Zelt geheftet hätte für Abraham, der spät abends todmüde und ausgehungert nach Hause kam:

> Abi:
> Gebratenes Lamm ist im Ofen. Bin zum Torahstudium mit den Frauen von Bethel gegangen. Hab' den kleinen Pferdewagen genommen. Komme spät zurück. Mach' Dir keine Sorgen. Vergiß' nicht, Ismael seine Kräuter für den Husten zu geben. Und Isaak muß gebadet werden.
> Sara.
> PS.: Vergiß nicht, alle Öffnungen dichtzumachen. Heute nacht wird es einen Sandsturm geben.

Manche von Ihnen mögen jetzt denken: »Wenn ich mich so verhalte, wie Sie es vorschlagen, wird mein Mann mich ausnutzen. Ich gebe ihm den kleinen Finger, und er nimmt die ganze Hand.« Sie müssen sich noch einmal den letzten Teil von Vers 6 ansehen: »... wenn ihr recht tut und euch durch nichts beirren lasset.« Das ist Ihre Verheißung. Gott wird Ihre liebevolle Reaktion unterstützen. Er wird es nicht zulassen, daß Ihr Ehemann auf ihr Verhalten »mit Füßen trampelt«. Wir sprechen hier von einem Baustein. Er ist solide. Es tut weh, wenn man auf einem Stein herumtrampelt.

Bausteine für Ehegatten

Ich habe den Frauen ein paar Steine zugeworfen. Ich habe Sie gewarnt, meine Damen, Neuaufbau ist eine harte Arbeit! Aber jetzt wollen wir einmal sehen, was Gott dem Mann des Hauses zu sagen hat. Es ist genauso geladen.

> *Desgleichen, ihr Männer, wohnet bei ihnen mit Vernunft und gebet dem weiblichen als dem schwächeren Geschlecht seine Ehre. Denn auch die Frauen sind Miterben der Gnade des Lebens, und euer gemeinsames Gebet darf nicht gehindert werden.*

Es ist klar, was der erste Baustein für den Mann ist. Er soll bei seiner Frau wohnen, d.h. mit ihr zusammenleben. »Natürlich lebe ich mit ihr. Ich komme jeden Abend nach Hause. Wir haben dieselbe Adresse, essen am selben Tisch, schlafen im selben Bett und benutzen sogar dasselbe Badezimmer.« Aber das hat nichts mit dem zu tun, von dem in diesem Vers die Rede ist. Das griechische Wort, das hier für »leben« gebraucht wird, heißt eigentlich »sich niederlassen und wohnen«, und vermittelt den Gedanken »völlig aufeinander eingespielt«, völlig miteinander vertraut sein. Das kleine Wort »bei« weist auf enge Kameradschaft, ein tiefes Zusammensein hin.

Viele Männer erwarten von der Frau, diese Art der Beziehung zu bewahren. »Ich arbeite im Büro, was im Heim geschieht, ist ihre Aufgabe. Ich verdiene das Geld, sie bezahlt die Rechnungen. Ich kümmere mich um das Geschäft und alle damit verbundenen Kopfschmerzen. Sie kümmert sich um das Heim und alle Bedürfnisse, die sich dabei ergeben.« Vielleicht sind Sie so erzogen worden, lieber Freund, aber so ist das nicht, wie Gott sich das ursprünglich gedacht hat. Auf keinen Fall! Zuerst einmal sagt der Herr in diesem Vers, das Wichtigste ist, »bei seiner Frau zu wohnen«. Es ist unsere Aufgabe, die Grundlage für ein harmonisches Familienleben zu gründen, liebe Ehegatten! Wir sind diejenigen, die eine tiefe Beziehung zu unseren Ehepartnern pflegen müssen. Wir müssen die Initiative ergreifen und den Vorgang fördern.

Cynthia und ich lernten diese Wahrheit vor vielen Jahren. Es fing an, mich zu verfolgen, daß ich in häuslichen Dingen (wie mein Vater auch) immer passiver wurde. Ich überließ ihr immer mehr Entscheidungen und gab damit unbewußt immer mehr die Führung aus der Hand. Es war mir, um ganz offen zu sein, äußerst *bequem.* Ich konnte mich stets damit entschuldigen, daß mich die Gemeinde zu sehr in Anspruch nahm oder ich meine Zeit Menschen widmen mußte, die Seelsorge dringend nötig hatten. Das war für mich auch viel *einfacher.* Die Rolle einer respektierten und angesehenen Person in der Gemeinde war viel schöner als die Beschäftigung mit den unangenehmen Details des Familienlebens. Es befriedigte mein Ego viel mehr, es war einfach »geistlicher«, mich als Pastor um meine Gemeinde zu kümmern, als eine befriedigende Partnerschaft mit meiner Frau aufzubauen.

Eines Tages holte Gott mich mit der Stelle im 1. Timotheusbrief 3, 4 – 5 aus den Wolken, wo er an Pastoren schreibt, die auch Ehegatten sind:

... der seinem eigenen Hause wohl vorstehe, der seine Kinder im Gehorsam halte mit aller Ehrbarkeit; denn wenn jemand seinem eigenen Hause nicht weiß vorzustehen, wie wird er die Gemeinde Gottes versorgen?

Das Wort »vorstehen« kommt zweimal vor. Es hat jedoch eine sehr viel weitgehendere Bedeutung:

> Ein guter »Vorsteher« ist in der Lage, andere an die Arbeit zu stellen ... Er wird achtgeben, die Gaben und Fähigkeiten seiner Frau nicht zu vernachlässigen oder zu zerstören. Vielmehr wird er sie voll ausnutzen ... Er sieht sie nicht als jemand, der irgendwie mitgeschleppt wird. Vielmehr sieht er sie als nützlich, hilfreich und als einen wunderbaren Segen Gottes...
>
> Ein Vorsteher gibt acht auf alles, was in seinem Haus geschieht, aber er tut nicht alles selbst. Vielmehr behält er alles im Überblick und unter Kontrolle. Er weiß alles, was geschieht, wie es funktioniert, und nur wenn es nötig ist, greift er ein, um Änderungen vorzunehmen und zu helfen.

Diese Darstellung sprach zu mir und überzeugte mich! Seitdem ich diese Entdeckung gemacht und deshalb in unserem Leben einige Änderungen gemacht habe, bin ich von einem Seminar und einer Bibelschule zur anderen gereist und habe die Bedeutung des Familienlebens für den Pastor unterstrichen. Häufig war es das *erste* Mal, daß viele Männer je über die wichtige Verbindung zwischen der Beziehung zu ihren Frauen und Familien und den Gemeinden, denen sie dienen, nachgedacht haben.

Es ist äußerst wichtig, daß wir Männer unsere Passivität in bezug auf häusliche Dinge bekämpfen. Die Gleichgültigkeit und Passivität der Männer in häuslichen und familiären Dingen ist eine der häufigsten Beschwerden bei häuslichen Konflikten. Männer, das darf so nicht weitergehen! Ihre Frau wird mehr Respekt für Sie haben, sobald Sie merkt, daß Sie in Ihrem Zuhause die Führung und Leitung übernehmen wollen.

Ein zweiter Baustein

Ein zweiter »Baustein« für Ehegatten könnte in den folgenden Worten ausgedrückt werden: *Lernen Sie Ihre Frau kennen.* Auch das hört sich schon ganz selbstverständlich an. Die ursprüngliche

Bedeutung des Textes wird Ihnen jedoch helfen zu entscheiden, inwieweit Sie das bereits getan haben. Wörtlich heißt der Satz »zusammenleben dem Wissen gemäß«. Der Erfolg Ihres Zusammenlebens mit Ihrer Frau steht in direkter Beziehung zu der Kenntnis, die Sie von ihr haben.

Ihre Frau zu kennen, schließt auch die Dinge mit ein, die andere nicht wissen und nicht wissen können. Ihre tiefsten Ängste und Sorgen, ihre Enttäuschungen und Erwartungen, ihre Narben und Geheimnisse, ihre Gedanken und Träume. Das ist es, was es heißt, seine Frau zu kennen. Es erfordert Sensibilität, den Willen, sich um die Probleme des anderen zu kümmern, zuzuhören, zu kommunizieren, zu zeigen, daß die andere Person einem wichtig ist. Ehegatten — wenn Ihre Ehe sich auf dem absteigenden Ast befinden sollte, dann müssen Sie sich vor allem um diesen Bereich kümmern! Nichts wird soviel dazu beitragen, ihre Wunden zu heilen und den Sturm zu stillen. Ihre Frau sehnt sich danach, verstanden zu werden, und zu wissen, daß Sie das auch wünschen.

Ein dritter Baustein

Schließlich sagt Petrus den Männern, sie sollen ihrer Frau *Ehre geben.*

> *... und gebet dem weiblichen als dem schwächeren Geschlecht seine Ehre. Denn auch die Frauen sind Miterben der Gnade des Lebens ...*

Der Mann soll ihr einen Ehrenplatz geben. Das Wort »Ehre« und das vorher gebrauchte Wort »kostbar« entstammen der gleichen griechischen Wurzel. Ehemann, welchen Platz haben Sie ihrer Frau gegeben? Vielleicht schätzen Sie sie wert. Wahrscheinlich ist sie für Sie ein wirklicher Schatz, eine Person, für die Sie viel Achtung haben, die Sie ehren?

Weiß *sie* das? Haben Sie es ihr gesagt? Haben Sie ihr die Ehre gezeigt, die Sie ihr angeblich geben? Oft nehmen wir einfach an, daß unsere Frauen wissen, wieviel uns an ihnen liegt. Aber es ist unbedingt nötig, daß wir es ihnen auch sagen. Manchmal mit gut ausgewählten Worten. Andere Male mit Blumen. Mit kleinen, eleganten Geschenken. Mit Briefen, die wir ihnen schicken, wenn wir verreist sind. Mit kleinen Notizen, die wir hier und da hinterlassen. Mit einer Mahlzeit in ihrem Lieblingsrestaurant. Oder fahren Sie mit ihr einmal zum Wochenende weg, und bereiten Sie ihr eine

Überraschung. In einer anderen Umgebung mit Bedienung und Schwimmbad wird es Ihnen nicht schwerfallen, ihr zu beweisen, daß sie Ihnen viel wert ist. Auf dem Nachhauseweg wird es Ihrer Frau nicht mehr schwerfallen, zu glauben, daß Sie ihr wirklich nahe sein wollen, sie kennen und ehren wollen.

Mit dem Bau anfangen

Wie sollen Sie anfangen? Am besten reservieren Sie dafür einen ganzen Abend, und zwar recht bald, am besten schon diese Woche. Sie können zu Hause bleiben, spazierenfahren oder sogar irgenwo übernachten. Der Ort ist nicht besonders wichtig, aber Sie müssen allein sein, damit Sie nachdenken, sich unterhalten und ohne Unterbrechung zusammensein können.

1. Verbringen Sie mindestens fünfzehn Minuten lang in der Stille. Denken Sie an vier Dinge, die Ihnen an Ihrem Partner besonders gut gefallen, und schreiben Sie sie auf. Hören Sie sorgfältig aufeinander.
2. Gebrauchen Sie 1. Petrus 3, 1 – 7 als Leitfaden und geben Sie einen Charakterzug oder eine Gewohnheit zu, die Sie gern mit Hilfe des Herrn ändern würden. Erklären Sie Ihre Bereitschaft, sich in diesem Bereich von ihm ändern zu lassen.
3. Bevor Sie zu Bett gehen, setzen Sie sich mindestens zwei Hauptziele für Ihre Ehe. Beten Sie zusammen und bitten Sie Gott, daß diese Wirklichkeit statt nur ein Traum werden mögen.
4. Nachdem Sie all das getan haben, geben Sie einander die Listen mit den vier Dingen, die Sie besonders am andern Partner schätzen. Behalten Sie sie, und überprüfen Sie sie mehrere Male an jenem Abend und in der folgenden Woche.

Wenn Sie so etwas schon lange Zeit nicht mehr gemacht haben (Manche von Ihnen werden es wahrscheinlich noch nie getan haben), wird es vielleicht etwas peinlich sein. Der Umgang mit Bausteinen muß gelernt werden. Aber wenn man erst einmal angefangen hat, aufrichtig miteinander zu sein, echt miteinander zu kommunizieren, dann wird man keinen Ersatz mehr dafür akzeptieren.

Gefälschte Bausteine oder Nachahmungen sind nie so wertvoll wie die echten. Deshalb hüten Sie sich vor billigen Nachahmungen.

4 Hüten Sie sich vor billigen Nachahmungen!

Wir leben in einer Zeit synthetischer Stoffe. Um uns herum sind Nachahmungen und künstliche Gegenstände. Leider passen sie recht gut in unsere Plastikwelt.

Wir haben uns an billige Nachahmungen gewöhnt. Statt Leder gebrauchen wir Kunststoffe. Plastikoberflächen sehen fast genauso aus wie echtes Holz. Künstliche Blumen sind das ganze Jahr lang in »Blüte«. Synthetische Fasern, künstliche Seen, Felsen und Bäume sind so gekonnt nachgebildet, daß viele sie sogar vorziehen. Die Nachahmung wirkt so echt, daß man sie genau untersuchen muß, sonst wird man getäuscht. Aber wenn man es wirklich im Detail betrachtet, sieht man schnell, warum das Echte besser ist. Und letzten Endes ist das Echte immer wertvoller als die Nachahmung.

Vielleicht haben Sie von dem Mann gehört, der sich in eine Opernsängerin verliebte. Er kannte sie kaum, denn er sah sie nur durch sein Opernglas — vom dritten Rang. Aber er war davon überzeugt, daß sie ihn glücklich machen würde. Er bemerkte kaum, daß sie wesentlich älter war als er. Es kümmerte ihn auch nicht, daß sie etwas hinkte. Ihre Mezzo-Sopranstimme würde sie beide durch alles hindurchbringen, was immer auch kommen mochte. Nach einer wirbelwindartigen Romanze und einer hastigen Heiratszeremonie fuhren sie in die Flitterwochen.

Sie fing an mit ihren Vorbereitungen für ihre Hochzeitsnacht. Als er ihr zusah, blieb ihm vor Staunen der Mund offen stehen. Sie nahm ihr Glasauge heraus und legte es in einen Behälter auf dem Nachttisch. Sie riß ihre Perücke vom Kopf und ihre falschen Augenwimpern, nahm ihr Gebiß heraus, schnallte ihr künstliches Bein ab und lächelte, als sie ihre Brille abnahm, die ihr Hörgerät verbarg. Voller Entsetzen rief er: »Ach du liebe Güte. Frau, sing! Sing!«

In diesem Kapitel beschäftigen wir uns mit einer anderen Art von Nachahmungen ... aber sie schaden einer Ehe genauso, ja noch mehr. Wir denken hier an Dinge, die einen äußeren Anschein von etwas geben, das innerlich überhaupt nicht vorhanden ist. Billige Nachahmungen werden von Männern und Frauen oft benutzt anstelle echter Eigenschaften, die eine Ehe stark und beständig werden lassen.

Billige Nachahmungen, die oft von Frauen gebraucht werden

In dem gleichen Passus, der uns Richtlinien gab, die uns helfen, eine Ehe zu stärken (1. Petrus 3, 1–9), finden wir auch Warnungen gegen billige Nachahmungen. Weil diese Verse mit den Frauen beginnen, wollen wir das auch hier tun. In den ersten 6 Versen finden wir drei verschiedene Nachahmungen, die oft von Frauen gebraucht werden. Sehen wir uns diese einmal genauer an.

Geheime Intrigen und Manipulationen

Lesen wir noch einmal die ersten beiden Verse:

> *Desgleichen sollt ihr Frauen euren Männern untertan sein, auf daß auch die, die nicht glauben an das Wort, durch der Frauen Wandel ohne Wort gewonnen werden, wenn sie sehen, wie ihr in Reinheit und Gottesfurcht wandelt.*
>
> *(1. Petrus 3, 1–12)*

Weil wir uns diese Verse bereits im Detail angesehen haben, brauchen wir das hier nicht noch einmal wiederholen. Aber man sollte beachten, daß in diesen Versen von der Frau ein stiller Geist erwartet wird; die Frau soll sich durch Selbstbeherrschung und innere Ruhe auszeichnen — trotz einer schwierigen Familienlage und eines ungehorsamen Ehegatten. Gott sagt: »Ich weiß schon, wie ich mit deinem Mann umgehen muß. Überlaß das Predigen mir. Was ich von dir will, ist ein gottesfürchtiges Leben. Vergiß nicht, er wird deinen ruhigen, stillen Geist nicht einfach übersehen können.« Aber das ist schwierig! Und deswegen greifen viele Frauen zu anderen Mitteln, die das gleiche bewirken sollen wie der stille Geist. Sie verwenden die Methode der geheimen Manipulation.

Der Definition gemäß bedeutet Manipulation »durch unfaire oder hinterhältige Methoden kontrollieren, besonders zum eigenen Vorteil, oder zur Förderung des eigenen Zwecks«. Mit anderen Worten: geheime Manipulation ist eine unfaire, hinterhältige Methode, die dazu führt, daß man das bekommt, was man will. Wenn sie es geschickt handhabt, kann eine Frau statt eines ruhigen, untergeordneten Geistes sich geheimer Manipulation bedienen.

Meiner eigenen Beobachtung zufolge bedienen sich gewöhnlich Frauen dieser Methode, die nicht dazu in der Lage sind, ihr Leben dem Herrn zu überlassen. Sie halten es fast für völlig unmöglich, zu glauben, daß der Herr etwas an ihrem Mann ohne ihre Hilfe tun kann. Deshalb greifen sie auf eine Reihe manipulativer Methoden zurück, wie schlechte Laune, Schmollen, Trotz, Intrigen, Sex oder sogar Lügen — obwohl das mit »kleine Änderung der Wahrheit« umschrieben wird. Durch Manipulation hoffen sie schließlich zu erreichen, was sie wollen. Leider gelingt ihnen das meistens auch. Manipulation führt zu Ergebnissen!

Ein bekanntes Beispiel ist Isaaks Frau Rebekka. Sie war entschlossen, dafür zu sorgen, daß ihr Mann so handelte, wie sie es wollte, und Jakob (ihrem Lieblingssohn) den besonderen Familiensegen und das Erbe gab, anstelle des erstgeborenen Esau. Rebekka manipulierte ihren Mann. Sie spann ihre geheimen Intrigen, die schließlich so erfolgreich waren. Die ganze tragische Geschichte wird in 1. Mose 27 erzählt. Sie ist ein dunkler Fleck auf der Lebensgeschichte Rebekkas.

Keine noch so intelligenten Argumente können eine Manipulation rechtfertigen, meine Damen! Ihr Ehemann läßt sich nicht durch Manipulation dauerhaft verändern. Es mag Ihnen gelingen, ihn durch Ihre Intrigen dazu zu bringen, seinen Willen aufzugeben. Wenn Sie das besonders gut beherrschen, können Sie vielleicht die richtige Methode entwickeln, um seinen Widerstand zu schwächen, und er wird in Ihrer Falle gefangen ... aber so etwas *wird dem Herrn keine Ehre bringen.* Auf diese Weise werden Sie mehr verlieren als gewinnen. Manipulation schwächt eine Ehe.

Der Rat des Petrus ist weise: »Ohne Wort.« Ohne Intrigen. Frei von Manipulation. Vertrauen Sie auf Gott, daß er an Ihrem Ehemann etwas tun wird. Glauben Sie mir, er ist dazu fähig.

Unattraktiver Schmuck

Zweitens gibt es die starke Versuchung, nach äußerer statt innerer Schönheit zu streben. Wir haben das schon bereits im dritten Kapitel erwähnt, aber wir müssen noch mehr darüber sagen. Vorher wollen wir noch einmal 1. Petrus 3, 3 – 4 lesen:

> *Euer Schmuck soll nicht auswendig sein mit Haarflechten und Goldschmuck oder Kleiderpracht, sondern der verborgene Mensch des Herzens im unvergänglichen Schmuck des sanften und stillen Geistes! Das ist köstlich vor Gott.*

Die Schrift sagt nicht, daß das Äußerliche völlig unwichtig ist, sondern vielmehr, daß das Äußere nicht so wichtig ist wie das

Innere. Frauen, Eure äußere Erscheinung ist durchaus von Bedeutung. Hier jedoch werden Sie gewarnt, daß sie nicht den größten Teil Ihrer Energie und Aufmerksamkeit aufs Äußere richten sollen.

Unter dem ständigen Bombardement durch die Massenmedien wird es schwierig sein, diese Prioritäten aufrechtzuerhalten. Der Druck der Medien wird Sie in Versuchung führen, Ihren Mangel an inneren Qualitäten durch einen schönen Körper, attraktive Kleidung und andere Schönheitsmittel wettzumachen. Gott warnt Sie davor.

Cecil Osborne hat die Frau, die sich hauptsächlich auf Ihr Äußeres konzentriert, als »narzistische Frau« beschrieben.

> Sie verfügt über einen hohen Grad an Selbstliebe. Sie beschäftigt sich viel mit ihrem Gesicht, ihrem Körper und oft mit ihren eigenen Interessen, die sie als Ausweitungen ihrer selbst sieht. Ein Mann, der mit einer narzistischen Frau verheiratet ist, wird Schwierigkeiten haben. Wenn die Welt sie nicht ständig lobt und wenn der Ehemann nicht ihren kindischen Launen und Einfällen Genüge tut, kann sie alle möglichen körperlichen oder emotionalen Symptome entwickeln.
>
> Eine narzistische Frau will stets im Mittelpunkt der Aufmerksamkeit stehen. Sie möchte, daß man ihr schmeichelt, und bemüht sich stets, die beliebteste zu sein. Manchmal ist sie eine »psychologische Skalpjägerin«; sie flirtet mit Männern, um sich selbst zu beweisen, daß sie ihre Attraktivität nicht verloren hat. Sie gebraucht Männer, selbst ihren Mann.

Mein Rat für die Frau, die eine wirklich gottesfürchtige Frau sein will, ist, mehr Aufmerksamkeit ihrer inneren Person zu widmen — jenen »unsterblichen Eigenschaften« — als ihrer äußeren Schönheit. Im Laufe der Jahre wird ihr Mann durch Ihre innere Schönheit viel mehr befriedigt und angeregt werden.

Lernen anstatt zu tun

Bevor ich mich den Ehegatten zuwende, möchte ich noch einen weiteren Bereich erwähnen, wo heute von christlichen Frauen oft eine »billige Nachahmung« verwendet wird. Es geht hier darum, *lernen, was richtig ist, anstatt es zu tun.*

Hören wir uns noch einmal den Ratschlag des Petrus an:

Denn so haben sich auch vorzeiten die heiligen Frauen geschmückt, die ihre Hoffnung auf Gott setzten und ihren Männern untertan waren, wie die Sara Abraham gehorsam war und hieß ihn Herr, deren Töchter ihr geworden seid, wenn ihr recht tut und euch durch nichts beirren lasset.

(1. Petrus 3, 5–6)

In diesen Versen wird uns mitgeteilt, wie die Frauen von heute zu Töchtern Saras (d. h. Frauen wie Sara) werden können und wie sie leben. Wie? Betrachten Sie sich noch einmal diese Verse:

... wenn ihr recht tut ...

Meiner Erfahrung nach wissen ein Großteil der christlichen Frauen mehr — viel mehr — als sie praktizieren. Sie lernen, diskutieren, studieren und entdecken immer mehr. Mit welchem Ergebnis? Die Schuldgefühle steigen und die große Ansammlung theoretischen Wissens blendet das Gewissen und legt es lahm, anstatt es zum Handeln zu bewegen. Das Lernen der Wahrheit ist ein billiger Ersatz für die Praktizierung der bereits erlernten Wahrheit.

Ich bin nicht gegen Seminare und Kurse, Bücher und Bibelstunden. Was mich bedrückt ist die Tatsache, daß viele Frauen jahrein, jahraus Wissen anhäufen, anstatt sich darauf zu konzentrieren, *anzuwenden, was sie gelernt haben.*

Ich hoffe, daß Sie mich nicht mißverstehen. Bitte sehen Sie sich Ihre Ehe ehrlich an. Brauchen Sie wirklich in diesem Jahr noch mehr Tatsachen, Prinzipien oder Unterricht? Wie wäre es, wenn Sie mit dem Lernen einmal Pause machten und sich auf die Anwendung des Gelernten konzentrierten? Nehmen Sie sich ein Jahr frei von den vielen Aktivitäten und widmen Sie sich völlig Ihrem Mann und Ihrer Familie. Manche Ihrer Freunde werden das sicher nicht begreifen. Sie werden es jedoch nicht bereuen.

Ich kenne eine Frau und Mutter mehrerer Kinder. Sie führte ein hektisches Leben mit vielen Verabredungen und Verantwortungen. Das alles war gut und notwendig und eng mit der Gemeinde und anderen christlichen Aufgaben verbunden. Ihr Terminkalender war übervoll. Eines Tages hörte sie plötzlich mit allem auf. Mit *allem.* Sie saß allein auf einem Stuhl am Küchentisch und dachte einmal über sich selbst nach. »Was auf der Welt mache ich nur? Warum bin ich an so vielen Aktivitäten beteiligt? Ist das wirklich alles nötig?«

Sie konfrontierte sich mit der harten Tatsache, daß »der verborgene Mensch des Herzens« bei ihr kein sanfter, ruhiger Geist war.

Sie bekannte vor Gott, daß ihre vielen Aktivitäten ihm nicht gefielen (noch ihrem Gatten, so könnte man hinzufügen). Sie betete. Sie bekannte offen ihre Sünde, ständig aktiv zu sein, statt sich dem Willen Gottes hinzugeben. Sie weinte laut, als das alles in ihrem Bewußtsein deutlich wurde.

Das Ergebnis? Sie gab viele Verpflichtungen auf, damit das Wesentliche in ihrem Leben Priorität haben konnte. Ihr Ehemann war außer sich vor Freude. Selbst ihre Kinder brachten bereits nach wenigen Tagen ihre Dankbarkeit zum Ausdruck. Sie erzählte mir kürzlich, daß sie schnell erkannte, daß der größte Teil dessen, was sie »lernte«, gar nicht richtig »verdaut« wurde.

Billige Nachahmungen und Ersatzlösungen sind sehr beharrlich und überzeugend. Sie lassen sich nicht so leicht aus dem Weg räumen, aber mit Gottes Hilfe läßt sich das machen. Beseitigen Sie durch ihn die geheime Manipulation, die Überbetonung des Äußerlichen und das hektische Leben ständigen Lernens, um einfach das zu tun, was richtig ist.

Billige Nachahmungen, die oft von Ehegatten gebraucht werden

Betrachten wir uns jetzt die andere Seite. Die Telelinse der Bibel stellt sich jetzt auf den Ehemann ein.

> *Desgleichen, ihr Männer, wohnet bei ihnen mit Vernunft und gebet dem weiblichen als dem schwächeren Geschlecht seine Ehre. Denn auch die Frauen sind Miterben der Gnade des Lebens, und euer gemeinsames Gebet darf nicht gehindert werden.* *(1. Petrus 3, 7)*

In diesem Vers entdecke ich drei »billige Nachahmungen«, die von Männern in der Ehe verwendet werden.

Herein kommt der Brotverdiener — heraus geht der Liebhaber

Die erste Ersatzlösung lautet: Der Mann ist der Brotverdiener, anstatt sein Leben mit seiner Gefährtin zu teilen. Eine der weitverbreitetsten falschen Vorstellungen, die Ehemänner haben, wird oft in etwa wie folgt ausgedrückt: »Ich habe hart gearbeitet und dich mit einer schönen Wohnung, genug zu essen und guten Kleidern versorgt. Was willst du sonst noch von mir?«

Wenn der Mann ein Christ ist und seine Aussagen gerne aus der

Schrift begründet, wird er sicher 1. Timotheus 5, 8 anführen:

> *Wenn aber jemand die Seinen, sonderlich seine Hausgenossen, nicht versorgt, der hat den Glauben verleugnet und ist ärger als ein Heide.*

Wir können uns gut den fleißigen, hartarbeitenden, selbstzufriedenen Ehemann vorstellen: »Meine Frau hat so viel mehr als viele andere, sie hat keinen Grund, sich zu beschweren!«

Aber bitte einen Augenblick! Ihre Frau ist mit *Ihnen* verheiratet, nicht mit Ihrer Lohntüte. Natürlich ist es richtig und lobenswert, daß Sie sich um ihre materiellen Bedürfnisse kümmern. Wenn Sie sich erinnern, das haben Sie ihr ja auch in den Ehegelöbnissen versprochen. Leider aber haben wir Ehegatten häufig die Tendenz, uns nur um das Brotverdienen zu kümmern und das als Ersatz dafür anzusehen, unser Leben mit unseren Ehefrauen zu teilen.

Vor kurzem hielt ich die Predigt bei dem Begräbnis einer 42jährigen Frau unserer Gemeinde, eine gute Frau und Mutter. Neben dem offenen Grab lehnte sich ihr Mann auf meine Schulter und weinte. Schluchzend sagte er zu mir: »Ich habe ihr alles gegeben, außer mir selbst. Ich gab ihr materielle Dinge, aber ich gab ihr nicht meine Zeit, meine Aufmerksamkeit, mein Ohr zum Zuhören, wenn sie sprach.«

In solchen Augenblicken spricht Gott auch zu mir. Seine Worte hängen in meinem Kopf, schwer wie Blei. Fühlen Sie sich auch angesprochen?

Der Ratschlag des Petrus ist unmißverständlich:

> *... wohnet bei ihnen mit Vernunft ...*

Das griechische Wort, das mit »wohnen« übersetzt wird, vermittelt den Gedanken, »zu Hause sein mit«. Manche Frau ist einsam und sehnt sich danach, daß ihr Mann sich ihres inneren Geistes bewußt wird und sich auf dieser Ebene mit ihr verständigt. Sie hofft darauf, daß er ihr seine Aufmerksamkeit widmet und sie mit seiner Gegenwart beschenkt. Sie wartet darauf, beachtet zu werden, geschätzt zu werden, daß er Zeit mit ihr verbringt.

> Zeit, in der die Zeitung beiseite gelegt ist.
> Zeit, in der der Fernsehapparat abgestellt ist.
> Zeit, wo der ganze Abend zur Verfügung steht.

Vielleicht wird es Ihnen helfen zu wissen, daß ein ständig abwesender Mann der Hauptgrund ist, warum Frauen außereheliche Beziehungen anknüpfen, und zwar mit anderen Männern, die ihnen Zeit und Aufmerksamkeit schenken. Wacht auf, Ehemänner! Ihr Leben mit Ihrem Partner zu teilen, ist nicht etwas, das Sie mit schönen Dingen ersetzen können.

Ich fordere Sie dazu auf, jeden Tag eine Zeitspanne nur Ihrer Frau zur Verfügung zu stellen — mindestens einen Abend in jeder Woche. Sie können sich gar nicht vorstellen, wie sehr Ihnen das zugute kommen wird, wenn Sie damit angefangen haben.

Der Mann, der seiner Frau Furcht einflößt

Eine andere Ersatzlösung betrifft die Führung des Mannes. Vers 7 gebietet den Männern: »...wohnet bei ihren mit Vernunft und gebet dem weiblichen als dem schwächeren Geschlecht seine Ehre.« Gottes Wort warnt uns davor, Forderungen an unsere Frauen zu stellen, anstatt selbst unserem Haushalt vorzustehen. Der Mann — vor allem der Mann, der sich unsicher fühlt — hat die Tendenz, anderen Furcht einzuflößen und sie zu zwingen, seinem Willen zu gehorchen. Dieser Vers erklärt ganz unmißverständlich, daß die Frau der schwächere der beiden Partner ist. Sie ist wie ein zerbrechliches Gefäß, mit einem tiefen Bedürfnis, verstanden zu werden. Der Ehemann, der viel Zeit und Gedanken darauf verwendet, die Bedürfnisse seiner Frau zu verstehen, damit er seinen Haushalt mit Weisheit verstehen kann, ist recht selten. Was eine Familie braucht, ist biblische Führung, die gesund, positiv und hilfreich ist.

Ein bekannter Autor schreibt auf der Grundlage von 1. Timotheus 3, 4–5 über die Eigenschaften eines guten Haushaltsvorstehers:

> Es ist die Aufgabe des Ehemanns, seiner Familie vorzustehen. Das ist die beste Übersetzung des Wortes proistemi. Es zeichnet das Bild von jemanden, der die Kontrolle hat, aber nicht alles selbst tut. Wie der Älteste der Gemeinde vorstehen soll, genauso soll der Ehemann der »Manager« seines Hauses sein. Ein guter Manager weiß, wie er andere dazu bewegt, etwas zu tun. Er kann die Fähigkeiten anderer entdecken, sie entwickeln und gebrauchen.
>
> Das Haupt tut nicht die Arbeit des Leibes. Der Ehemann soll nicht alle Fragen beantworten oder seiner Frau das Den-

ken abnehmen — im Gegenteil! Er soll vielmehr erkennen, daß Gott ihm eine Frau als Gehilfin gegeben hat. Ein guter Manager sieht sich seine Gehilfin an und sagt: »Sie hat die und die Fähigkeiten. Wenn ich meinen Haushalt gut verwalten will, dann muß ich zusehen, daß diese Fähigkeiten entwickelt und bis zum letzten ausgenutzt werden.« Er wird ihre Persönlichkeit nicht unterdrücken wollen, sondern sich darum bemühen, sie voll aufblühen zu lassen.

Wenigen Frauen wird es schwerfallen, einer solchen Führung zu folgen! Das ist viel besser als irritierende Forderungen! Ich muß an ein Ehepaar mittleren Alters denken, dessen Ehe zwischen lauwarm und kalt schwankte. Der Mann war der klassische Typ, der seiner Frau Furcht einflößt — mit starkem Willen, stur, ohne Zärtlichkeit und oft wütend. Diese Eigenschaften haben ihm geschäftlichen Erfolg eingebracht. Er ist erfolgreich und wird von seinen Konkurrenten respektiert. In den letzten drei Jahren hat sich sein Geschäft verdoppelt. Sein Arbeitsstil im Büro ist ehrfurchtgebietend. Seine Angestellten springen, wenn er spricht. Seine Entscheidungen und Forderungen stehen nicht zur Diskussion. Er ist der Chef, daran gibt es nichts zu rütteln. Daheim aber wird er so nicht fertig. Er hat seine Frau mehr als einmal verlassen.

Das liegt nicht daran, daß seine Frau aufsässig wäre. Sie ist auch nicht abgeneigt, ihm die Führung der Familie zu überlassen. Seine Rolle als Führer in der Familie ist aber durch seinen eindringlichen Stil, seinen Mangel an richtigem Management unterminiert worden. Er hat eine *Partnerschaft* mit seiner Frau, aber er ist nicht gewillt, die Art von Beziehung zu pflegen, die für echte Partnerschaft Voraussetzung ist. Er kommt mit seinem »Hör mal zu, ich bin der Chef«-Komplex nach Hause, und das Ergebnis sind Ressentiments und schlechte Stimmung. Der Mann stellt Forderungen an seine Frau, die unbedacht und unfair sind. Dazu gesellen sich seltsame sexuelle Phantasien, die er mit ihr ausspielen will und die ihr das Gefühl geben, sie sei eine billige Prostituierte. Der Mann, der seiner Frau Furcht einflößt, hat gewöhnlich Schwierigkeiten, mit seiner Frau eine romantische Beziehung zu unterhalten. Ihm fehlt es an der Zärtlichkeit und Fürsorge, die für tief befriedigende Intimität notwendig ist.

Ehemann, ignorieren Sie diesen Ratschlag bitte nicht! Vielleicht sind Sie der furchteinflößende, entschlossene Chef im Büro. Gott aber will, daß Sie ein guter Manager Ihrer Familie sein sollen und ein Partner, der Verständnis für den anderen hat. Das Furchteinflößen wird Ihnen nicht helfen, eine gottesfürchtige, gesunde Ehe zu führen.

Neurotische Liebe

Es gibt noch eine Ersatzlösung, die unserer Aufmerksamkeit wert ist. Sie ergibt sich aus dem letzten Teil des 7. Verses:

> *... und gebet dem weiblichen ... Geschlecht seine Ehre. Denn auch die Frauen sind Miterben der Gnade des Lebens.*

Statt ihre Frauen zu ehren, entwickeln manche Männer eine neurotische Liebe zu ihren Frauen. Liebe und Respekt ist wichtig, aber das kann sich auch zu einer Neurose entwickeln. Es ist biblisch und lobenswert, Ihrer Ehegattin Ehre und Respekt zukommen zu lassen, aber sie zu einem Idol zu machen, sie zu umhätscheln und zu verwöhnen (ganz gleich aus welchem Grund) ist nicht richtig. Sie ist Ihre Frau und keine Invalidin. Sie ist keine Porzellanpuppe, die zerbricht, wenn man sie berührt.

Neurotische Liebe hat noch eine andere Seite. Sie ist oft mit Eifersucht verbunden, die nach den Worten Salomos »grausam ist wie das Grab«. Wie wahr sind diese Worte!

Ich traute einmal ein Paar, dessen Ehe bald von Eifersucht und neurotischer Liebe geplagt wurde. Braut und Bräutigam waren noch keine Woche in ihrem Haus, da verkündete er: »Zwischen uns wird es keine Geheimnisse geben. Unsere Ehe wird keine verschlossenen Türen haben, nichts wird verborgen sein!« An jenem Morgen entfernte er alle Türen im Haus, außer denen, die nach draußen führten. Die Schlafzimmertüren, die Badezimmertür, die Küchentür, alle waren weg! Das aber hat nichts mit Ehre zu tun, das ist neurotische Liebe. Sie ruiniert die intime Beziehung, die unter normalen Bedingungen wachsen will. Eifersüchtige und neurotische Liebe ist von wirklichem Respekt weit entfernt.

Eine Liste zum Nachprüfen

Wie kann ein Mann und wie kann eine Frau wissen, ob man sich Ersatzlösungen bedient? Sehen wir uns die nächsten beiden Verse in 1. Petrus 3 an:

Endlich aber seid allesamt gleichgesinnt, mitleidig, brüderlich, barmherzig, demütig. Vergeltet nicht Böses mit Bösem oder Scheltwort mit Scheltwort, sondern dagegen segnet, weil ihr dazu berufen seid, daß ihr den Segen ererbet.

Das ist eine von Gott inspirierte Liste, anhand derer wir unser Verhalten nachprüfen können. Wenn es irgendwo Irritationen gibt und ihre Beziehung nicht harmonisch ist, gebrauchen sie wahrscheinlich irgendwelche Ersatzlösungen. Daraus ergibt sich, daß die gegenseitige Zuneigung abnimmt und stattdessen Ressentiments entstehen. Man hört auf, sich liebevoll zu behandeln, und fängt an, sich zu verletzen. An die Stelle von Demut tritt Selbstsucht, an die Stelle von Anteilnahme tritt Beleidigung.

Im Laufe meiner Dienstzeit als Pastor habe ich Hunderte von Brautpaaren getraut. Aber nur zwei oder dreimal hat mir ein Ehepaar hinterher gestanden, daß es ihnen nicht gelungen ist, die Ehe zusammenzuhalten. Eines von ihnen ist das allererste Paar, das ich getraut habe. Ich muß gestehen, daß ich sehr schockiert war, daß diese Ehe auseinanderging, denn beide waren intelligente und erfolgreiche Menschen.

Sie war ein sehr begabtes Mädchen, von großer innerer und äußerer Schönheit, hatte eine solide Ausbildung, war weitgereist und hatte zudem eine tiefe Beziehung zu Jesus Christus. Sie war Krankenschwester. Er war Arzt, und während seiner Ausbildung Klassenbester gewesen. Auch er war Christ und echt an geistlichen Dingen interessiert.

Vier Jahre lang hörte ich nichts mehr von ihnen. Eines Tages klingelte mein Telefon. Ich erinnerte mich sofort an ihre Stimme. Sie fragte mich, ob ich an jenem Nachmittag Zeit für ein Gespräch hätte. Als ich ihr an der Tür meines Arbeitszimmers begegnete, sah sie 15 Jahre älter aus. Unter Tränen erzählte sie mir ihre Geschichte. Der Druck begann kurz nachdem er im Krankenhaus angefangen hatte. Er arbeitete unmenschlich viel ... und wurde schließlich von Drogen abhängig, um den Streß durchhalten zu können. Sie sahen sich immer weniger. Einsam, zornig und verwirrt knüpfte sie Beziehungen zu anderen Männern an. Beide täuschten etwas vor, das es zwischen ihnen gar nicht mehr gab. Keiner von ihnen war bereit, die ganze Wahrheit zu sagen. Er arbeitete die Nacht durch, sie arbeitete den ganzen Tag lang. Und so ging es Monat um Monat. Meinungsverschiedenheiten führten zu heftigem Streit. Die Ersatzlösungen funktionierten nicht. Ihr Leben war von geistlichem Kompromiß, schwerwiegenden moralischen Verstößen und einer allgemeinen Unzufriedenheit mit dem

Leben gekennzeichnet.

Ich werde nie ihre Worte vergessen: »Wenn ich zurückblicke, wird mir klar, daß es alles anfing, als wir nicht ehrlich miteinander waren, als wir einander nicht die Wahrheit sagten und unsere wahren Bedürfnisse nicht eingestehen wollten. Wir setzten eine Maske auf und versteckten uns vor der Wirklichkeit.«

Hier war ein »Traumpaar« — gutaussehende, gesunde und intelligente junge Menschen, denen es wirklich gut ging. Sie hatten beruflichen Erfolg, Intelligenz, Geld, Glück und liebten sich innig. Aber billige Nachahmungen ersetzten die wesentlichen Bestandteile einer Ehe. Glück wurde zur Qual.

In Ihrem Leben mag es nicht so dramatisch zugehen, aber Sie kennen Ihre eigenen Probleme. Mit den Informationen dieses Kapitels können Sie Ihre Situation verstehen und verändern. Weisen Sie billige Nachahmungen und Ersatzlösungen zurück! Hören Sie auf, sich damit zufriedenzugeben. Gestehen Sie sich selbst die Wahrheit über Ihre Ehe und Ihr Leben. Denken Sie einmal ernsthaft über sich selbst nach, nicht über Ihren Partner. Seien Sie ehrlich, die Wahrheit zuzugeben, damit Gott Sie auf den Pfad seines ursprünglichen Plans zurückführen kann. Dann wird er Ihnen auch helfen zu begreifen, warum sich vielleicht die Träume Ihrer Flitterwochen in einen täglichen Alptraum verwandelt haben.

5 Müssen die Flitterwochen zu Ende gehen?

Eine harmonische Ehe erfordert die systematische Zerstörung von Mythen. So schnell wie sie in Hollywood produziert werden, müssen Ehepaare diese Phantasievorstellungen unter Beschuß nehmen.

Einer der Hauptmythen der Ehe besagt, daß die Ehe einer Wolke gleicht, auf der man von einem schönen Tag zum nächsten schwebt. Im Gegenteil, eine Ehe, die funktioniert, verlangt, daß man ständig bereit ist, seine Rechte aufzugeben, erstaunliche Selbstlosigkeit an den Tag legt und sich auf den anderen Partner einspielt. Um das besser zu verstehen, wollen wir ein kurzes Gedankenspiel machen.

Stellen Sie sich einmal vor, Sie und Ihr Partner haben für Mitte Februar Ihre Flitterwochen auf Hawaii geplant. Sie freuen sich auf schönes, warmes Wetter, einen sonnenbestrahlten Strand außerhalb Ihres geräumigen Hotelzimmers, Wellenreiten und schöne Abende unter einem klaren Sternenhimmel und dem romantischen Mondschein. Ihre Erwartungen steigen, als sie ihren Platz in der ersten Klasse (natürlich) der Boing 747 einnehmen, die Sie Ihrem Traumziel näherbringt.

Aber plötzlich, während Sie sich in der Luft befinden, geschieht etwas Seltsames. Irgendwie bekommen die Piloten nicht die richtigen Signale, und bevor Sie wissen, was geschehen ist, landet das Flugzeug etwas unsanft im nördlichen Bereich der Schweizer Alpen.

Statt Sonnenschein und warmer Brise ist die Temperatur unter dem Gefrierpunkt, aus Nordost kommt ein eisiger Wind. Statt einem klaren, sternbesäten Himmel und weißem Sand, von warmen Wellen umwaschen, haben sie drei Meter hohen Schnee, tiefe Wolken, und noch mehr Schnee vorausgesagt. Wo Sie auch hinsehen, überall ist die Landschaft weiß. Hinzu kommt noch, daß man eine Sprache spricht, die Ihnen unbekannt ist ... und statt des geräumigen Hotelzimmers an der Pazifikküste sind Sie in einem kleinen Chalet am Rande eines Berges untergebracht. Das Flugzeug ist reparaturbedürftig, und deshalb kommen Sie so schnell nicht wieder von hier fort. In der Tat, Sie liegen hier fest, bis das Tauwetter einsetzt — zwei Monate also.

Auf der Stelle sind Sie und Ihr Liebling dazu gezwungen, eine

Entscheidung zu treffen. Sie können sich an die neue Situation anpassen. Sie kaufen Winterkleidung, mieten sich Skiausrüstung, werfen ein paar Stücke Holz ins offene Feuer und machen es sich bequem, d. h. also, Sie passen sich an — oder Sie weigern sich, die Änderung der Situation anzuerkennen. Sie können Schwimmkleidung tragen, den ganzen Tag barfuß herumlaufen, sich weigern, ein paar Sätze in der Ihnen unbekannten Sprache zu lernen, und mit grimmigem Gesicht in einem kalten, schneebedeckten Chalet sitzen und aus dem Fenster schauen, während immer mehr Schnee fällt.

Es ist Ihre eigene Entscheidung.

Wenn Sie flexibel reagieren, können Sie eine tiefe Enttäuschung in ein schönes und erinnernswertes Erlebnis umwandeln. Gemütliche Abende am Kamin. Viel Spaß beim Skilaufen. Atemberaubende Berglandschaften. Das hört sich wirklich wunderbar an!

Aber wenn Sie darauf beharren, bei Plan A zu bleiben, steht Ihnen eine bittere, elende Zeit bevor, voll von Ressentiments. Ist das nicht erstaunlich? Die Alpen sind viel schöner als Hawaii, vor allem im Februar, aber wenn Sie sich weigern, sich auf die neue Situation einzustellen, dann nützt das alles nichts.

Kehren wir wieder in die Wirklichkeit zurück. Alle von uns hatten bestimmte Vorstellungen bezüglich der Ehe. Bald aber stellte sich zu unserer großen Überraschung heraus, daß unsere Ehe anders sein würde, als wir uns das gedacht hatten. Willkommen in den Alpen! Schlimmer noch ist, daß es nach zwei Monaten keinen Rückflug gibt. Wie muß man reagieren? Indem man sich ändert und anpaßt. Das bedeutet eine *drastische* Veränderung. Die einzige Alternative hierzu ist eine totale Katastrophe. Ich brauche Ihnen nicht zu sagen, daß sich viele Ehepaare leider für die letztere Möglickeit entschieden haben.

Wenn Sie das Feuer Ihrer Ehe neu entfachen und bewahren wollen, ist es unbedingt erforderlich, daß Sie sich ständig anpassen. Wenn Sie dazu nicht bereit sind, kann ich Ihnen voraussagen, daß die Flitterwochen, schon kurz nachdem sie begonnen haben, ihr Ende nehmen werden. Wir wollen jedoch positiv sein und darüber sprechen, wie wir dafür sorgen können, daß die Flitterwochen nie zu Ende gehen.

Eine neue Bezeichnung für Flitterwochen

Als erstes müssen wir den Begriff der »Flitterwochen« neu definieren. Mein Vorschlag wird Ihnen nicht gefallen: *Zeit der Anpas-*

sung. Unromantischer geht es wohl nicht! Wer sagt schon: »Wir sind für unsere Zeit der Anpassung nach Hawaii gefahren.« (Hört sich an wie eine Fahrt zum Büro des Heilpraktikers.)

Aber einen Augenblick mal. Das ist genau, was die Flitterwochen sind. Sie sind der Anfang eines neuen Lebens. Es ist schon richtig, daß zu den Flitterwochen jener Ausbruch körperlicher Intimität gehört, jene Zeit leidenschaftlicher Verzückung zwischen der Hochzeit und der Rückkehr zu den Verantwortungen des Lebens. Und es ist äußerst wichtig, daß eine solche Bekanntschaft so frei wie möglich von einer abrupten Enttäuschung ist. Aber zum ersten Mal kommen die Partner in ihrer Beziehung mit der Wirklichkeit in Berührung. Wenn ein Ehepaar gleich am Anfang schon fest auf dem Boden der Realität steht, werden sie wahrscheinlich viele plötzliche Enttäuschungen vermeiden können.

Die Flitterwochen, die nie zu Ende gingen

Aber falls ich mich wie ein unromantischer Zombie anhören sollte, der gegenüber der intimen Seite der Ehe kalt bleibt, möchte ich im Rest dieses Kapitels das Gegenteil zeigen. Es gibt überhaupt keinen Grund, warum ein christliches Ehepaar denken soll, daß der Genuß der physischen Aspekte ihrer Beziehung sich auf ein paar Wochen in Hawaii — oder den Alpen — beschränken muß. Was Gott in seinem Wort über Intimität in der Ehe bezeugt, es liegt nicht in seinem Plan, daß die sexuellen Vergnügen der Ehe je aufhören sollen. Nie. Das geht ganz klar aus der Bibel hervor. Lassen Sie mich zeigen, was ich meine. Es wird Sie vielleicht überraschen.

In Kapitel 2 haben wir die Bibelstelle in 1. Mose 2, 24 – 25 eingehend besprochen. Lesen wir sie noch einmal:

> *Darum wird ein Mann seinen Vater und seine Mutter verlassen und seinem Weibe anhangen, und sie werden sein ein Fleisch. Und sie waren beide nackt, der Mensch und sein Weib, und sie schämten sich nicht.*

Sie erinnern sich vielleicht an die Bedeutung des hebräischen Ausdrucks, der mit »nackt« übersetzt ist. Er bedeutet »bloßgelegt«. Nichts ist verborgen. Die Abwesenheit von Befangenheit. Das erste Ehepaar erlebte eine völlige Freiheit untereinander. Sie waren nicht emotional gehemmt, und deshalb auch physisch ohne Hemmungen. Deswegen berichtet der Herr, daß sie sich »nicht schämten«. Die intimen Freuden des Ehebettes erfüllten sowohl Adam als auch Eva ständig. Ohne Zurückhaltung. Ohne Scham.

Das ist genauso, wie Gott es will. Es wird uns nicht mitgeteilt, an welchem Punkt sich in diesem Bereich Schwierigkeiten einstellten. Ihre Intimität schien nicht abzukühlen, und ihre Liebe dauerte fort. Als Gott das erste Paar schuf, gab es eine gesegnete, wunderbare Wärme, die die ganze Ehe lang dauerte.

Es gibt Gründe dafür, warum ihre »Flitterwochen« nie aufhörten. Die gleichen Gründe können heute zu einem ähnlichen Erleben führen, wenn die notwendigen Voraussetzungen gegeben sind. Es ist verkehrt anzunehmen, daß der ursprüngliche Plan einzigartig und nur für eine bestimmte Beziehung, die von Gott geschaffen wurde, gedacht war. Nein, es war ein Plan, nach dem sich alle Ehen richten sollen.

Die biblischen Prinzipien des ehelichen Intimlebens

Es gibt bestimmte biblische Prinzipien, die das eheliche Intimleben betreffen, die heute noch gelten. Leider sind diese Prinzipien seitdem längst umgangen oder ingoriert worden. Wischen wir den Staub ab und entdecken wir sie aufs neue.

Für mich ergeben sich fünf Prinzipien in der Schrift, die dazu helfen, die Verschlechterung der sexuellen Beziehung zwischen einem Mann und seiner Frau zu verhindern oder rückgängig zu machen. Alle fünf werden von der Schrift unterstützt. Und alle fünf beziehen sich auf eine sinnerfüllte, intime Beziehung zwischen Ehepartnern und nicht zwischen zwei Menschen, die bloß miteinander leben.

Intime Beziehungen: Sie sind »sehr gut«

Intime Beziehung in der Ehe war ohne Schuld erschaffen und für »sehr gut« erklärt worden.

In 1. Mose 1, 27 – 31 lesen wir:

> *Und Gott schuf den Menschen zu seinem Bilde, zum Bilde Gottes schuf er ihn; und schuf sie als Mann und Weib. Und Gott segnete sie und sprach zu ihnen: Seid fruchtbar und mehret euch und füllet die Erde und machet sie euch untertan und herrschet über die Fische im Meer und über die Vögel unter dem Himmel und über das Vieh und über alles Ge-*

tier, das auf Erden kriecht. Und Gott sprach: Sehet da, ich habe euch gegeben alle Pflanzen, die Samen bringen, auf der ganzen Erde, und alle Bäume mit Früchten, die Samen bringen, zu eurer Speise. Aber allen Tieren auf Erden und allen Vögeln unter dem Himmel und allem Gewürm, das auf Erden lebt, habe ich alles grüne Kraut zur Nahrung gegeben. Und es geschah so. Und Gott sah an alles, was er gemacht hatte, und siehe, es war sehr gut.

Beachten Sie vor allem die letzten beiden Wörter: »sehr gut«. Dazu gehört alles, was in dem Abschnitt erwähnt ist, eingeschlossen natürlich die sexuellen Freuden der Ehe. Gott selbst hat in seiner Liebe den menschlichen Körper so geschaffen, daß er stimuliert, angeregt und in der Ehe die Fülle sexuellen Vergnügens genießen kann.

Ich fange damit an, denn diese Einstellung ist grundlegend. Das richtige Denken über intime Beziehungen in der Ehe ist die Voraussetzung dafür, daß man sie voll genießen kann. Ein erfüllendes Erlebnis beginnt, um ganz offen zu sein, mit den richtigen Gedanken im Kopf. Gott hat es für »sehr gut« erklärt, und da dürfen wir keine Abstriche machen.

Vor vielen Jahren hielt ich eine Bibelstunde für Frauen in einer Stadt. Diejenigen Frauen, die die Bibelstunde besuchten, waren klardenkende Damen, die ein echtes Verlangen hatten, ihre Bibel zu kennen und geistlich zu wachsen. Ich werde jedoch nie vergessen, wieviele von ihnen Sex in der Ehe als eine unangenehme Pflicht und ein schmutziges Erlebnis hielten. Als ich über die Ehe sprach, gebrauchte ich diesen und andere (verwandte) Abschnitte im 1. Buch Mose. Ich erinnere mich weiter, wieviele von ihnen darüber staunten, daß Sex von Gott in aller Unschuld geschaffen worden und für »sehr gut« erklärt worden war. Eine verstörte und verwirrte Frau mittleren Alters kam nachher zu mir und erklärte, sie sei stets davon überzeugt gewesen, daß »Sex zum Fluch des Sündenfalls« gehörte. Falsch!

Wir tun gut, vom Erlebnis des Petrus in Apostelgeschichte 10 zu lernen. Wir müssen uns klar darüber werden, daß das, was Gott rein gemacht hat, nicht mehr als unheilig angesehen werden darf. Natürlich muß man hinzufügen, daß die sündige Menschheit Sex verdorben und beschmutzt hat. Es gibt jede mögliche Art der sexuellen Perversion, die alle abscheulich sind. Aber diese dürfen nicht mit der Schöpfung Gottes verwechselt werden. Intime Beziehungen in der Ehe waren in seinem ursprünglichen Plan für den Genuß der Partner gedacht, ohne Schuldgefühle oder Hemmungen. Beachten Sie, wie die Bibel das in Hebräer 13, 4 zum Ausdruck bringt:

> *Die Ehe soll in Ehren gehalten werden bei allen und das Ehebett unbefleckt; denn die Unzuüchtigen und die Ehebrecher wird Gott richten.*

Hier wird uns versichert, daß in Gottes Aussagen das Ehebett (ein anderer Ausdruck für intime Beziehungen in der Ehe) »unbefleckt« ist — etwas, das er »in Ehren« hält. Sie werden das Feuer in ihrer Ehe neu entfachen, wenn Sie sich die Tatsache vor Augen halten, daß intime Beziehungen *vor* dem Sündenfall von Gott erschaffen wurden, und daß sie für ihn ein unbefleckter, ehrenwerter Teil Ihres Verhältnisses mit Ihrem Partner sind.

Intime Beziehungen: Zum Vergnügen geschaffen

Es gibt ein zweites biblisches Prinzip, das Ihnen helfen wird, dafür zu sorgen, daß Ihre Flitterwochen nie enden:

Intime Beziehungen in der Ehe wurden zum persönlichen Vergnügen geschaffen und nicht nur zur Fortpflanzung.

Das fünfte Kapitel der Sprüche Salomos ist voller malerisch beschriebener Warnungen. Sprüche 5 fängt negativ an und spricht über die Beschmutzung des Eheverhältnisses, bevor es mit einem positiven Wort über Harmonie und Vergnügen in dem Verhältnis zwischen Mann und Frau spricht.

Hören wir uns zuerst einmal die negative Seite an:

> *Mein Sohn, merke auf meine Weisheit; neige dein Ohr zu meiner Lehre, daß du behaltest guten Rat und dein Mund wisse Erkenntnis zu bewahren! Denn die Lippen der fremden Frau sind süß wie Honigseim, und ihre Kehle ist glatter als Öl, hernach aber ist sie bitter wie Wermut und scharf wie ein zweischneidig Schwert. Ihre Füße laufen zum Tode hinab; ihre Schritte führen ins Totenreich.* *(Verse 1 – 5)*

Im folgenden beschreibt er den Weg der Füße der Ehebrecherin als Symbol ihres höllischen Lebensstils. »Wenn du ihren Weg gehst«, so schreibt er, »wirst du genauso wie sie enden.« »Bleib fort!« ruft der Mann der Weisheit.

Aber Salomon fügt auch einige positive und ermutigende Worte seinem Ratschlag hinzu. Diese Worte beschreiben die erfrischende Harmonie und das körperliche Vergnügen, das Ehepartner erleben dürfen.

Trinke Wasser aus deiner Zisterne und was quillt aus deinem Brunnen. Sollen deine Quellen herausfließen auf die Straße und deine Wasserbäche auf die Gassen? Habe du sie allein, und kein Fremder mit dir. Dein Born sei gesegnet, und freue dich des Weibes deiner Jugend. Sie ist lieblich wie eine Gazelle und holdselig wie ein Reh. Laß dich von ihrer Anmut allezeit sättigen und ergötze dich allewege an ihrer Liebe.

So soll es sein!

Wenn Sie je die falsche Vorstellung hegten, daß Gott puritanisch und prüde ist, dann wird diese Stelle Sie sicher eines Besseren belehren. Nein. Er will, daß unsere Ehe uns ekstatisches sexuelles Vergnügen bereitet, soviel wie möglich!

Und falls Sie es nicht mitbekommen haben sollten, dieser Abschnitt preist intime Liebesbeziehungen, die Freude ungehemmten, schuldlosen körperlichen Vergnügens.

Es geschieht häufig, daß Leute zu mir in die Seelsorge kommen (vor allem Frauen), die von der falschen Vorstellung geplagt werden, daß sobald die Kinder geboren sind, der Zweck geschlechtlicher Beziehungen erfüllt sei. Das ist eine funktionsorientierte Mentalität und völlig verkehrt. Gottes Zweck für intime Beziehungen in der Ehe ist viel breiter als der Rahmen biologischer Notwendigkeit.

In einem anderen Buch von Salomon finden wir ähnliche Worte über Liebe in der Ehe. In dem folgenden Abschnitt blickt die Frau auf den Körper ihres Mannes und verleiht ihrem Vergnügen über sein Aussehen Ausdruck.

Mein Freund ist weiß und rot, auserkoren unter vielen Tausenden. Sein Haupt ist das feinste Gold. Seine Locken sind kraus, schwarz wie ein Rabe. Seine Augen sind wie Tauben an den Wasserbächen, sie baden in Milch und sitzen an reichen Wassern. Seine Wangen sind wie Balsambeete, in denen Gewürzkräuter wachsen. Seine Lippen sind wie Lilien, die von fließender Myrrhe triefen. Sein Leib ist wie reines Elfenbein, mit Saphiren geschmückt. Seine Beine sind wie Marmorsäulen, gegründet auf goldenen Füßen. Seine Gestalt ist wie der Libanon, auserwählt wie Zedern.

(Hoheslied 5, 10 – 15)

Liebe Frauen, wenn Sie das heute abend zu ihrem Mann sagen würden!

So sieht der Ehemann seine Frau:

> *Wende dich hin, wende dich her, O Sulamith! Wende dich hin, wende dich her, daß wir dich schauen! Was seht ihr an Sulamith beim Reiten im Lager? Wie schön ist dein Gang in den Schuhen, du Fürstentochter! Die Rundung deiner Hüfte ist wie ein Halsgeschmeide, das des Meisters Hand gemacht hat. Dein Schoß ist wie ein runder Becher, dem nimmer Getränk mangelt. Dein Leib ist wie ein Weizenhaufen, umsteckt mit Lilien. Deine beiden Brüste sind wie junge Zwillinge von Gazellen. Dein Hals ist wie ein Turm von Elfenbein. Deine Augen sind wie die Teiche von Hesbon am Tor Bathrabbim. Deine Nase ist wie der Turm auf dem Libanon, der nach Damaskus sieht. Dein Haupt auf dir ist wie der Karmel. Das Haar auf deinem Haupt ist wie Purpur; ein König liegt in deinen Locken gefangen. Wie schön und wie lieblich bist du, du Liebe voller Wonne! Dein Wuchs ist hoch wie ein Palmbaum, deine Brüste gleichen den Weintrauben. Ich sprach: Ich will auf den Palmbaum steigen und seine Zweige ergreifen. Laß deine Brüste sein wie Trauben am Weinstock und den Duft deines Atems wie Äpfel; laß deinen Mund sein wie guten Wein, der meinem Gaumen glatt eingeht und Lippen und Zähne mir netzt.*
>
> *(Hoheslied 7, 1 – 10)*

Dieser Mann konnte sich wirklich ausdrücken! Wir Männer können viel von ihm lernen. Unsere Frauen haben es sehr gern, wenn wir ihnen diese Dinge auf so kreative Art und Weise sagen. Es ist ratsam, diese Fähigkeit zu pflegen, unserer Bewunderung in Worten Ausdruck zu verleihen.

Ohne Frage sollen intime Beziehungen in der Ehe dem reinen Vergnügen dienen, und nicht nur der Vergrößerung der Familie.

Intime Beziehungen: Nur innerhalb der Ehe

Ein drittes Prinzip über intime Beziehungen ergibt sich indirekt aus 1. Korinther 7, 1 – 2. Wir wollen diese Verse lesen, bevor wir das Prinzip formulieren:

Wovon ihr aber mir geschrieben habt, darauf antworte ich: Es ist dem Menschen gut, daß er kein Weib berühre. Doch um der Unkeuschheit willen habe ein jeglicher seine eigene Frau, und eine jegliche habe ihren eigenen Mann.

Intime Beziehungen sind nur für verheiratete Paare vorgesehen

Überall in der Schrift macht Gott klar, daß Ehepartner intime Beziehungen genießen sollen. In unserer Welt von gemischten Studentenwohnheimen, Frauentausch, und Unisex hört sich dieses Prinzip irrelevant und blödsinnig an. Aber es gilt trotzdem, Gott hat uns emotional so geschaffen, daß Sex außerhalb der Ehe uns nicht so erfüllen und Vergnügen bereiten kann wie innerhalb dieser Bindung.

Tragischer Schaden ereignet sich, wenn Gottes Maßstab verletzt wird. Ich möchte von einem solchen Ereignis berichten, um diesen Sachverhalt eindrücklicher darzustellen.

Ein Großteil meiner Seelsorge beschäftigt sich mit Paaren, die heiraten wollen. Während der drei vorehelichen Seelsorgestunden versuche ich, mir ein gründliches Bild von ihrer Beziehung zu machen. Wir reden über ihr Leben von verschiedenen Standpunkten aus: geistlich, emotional, finanziell, sozial und sexuell. Nicht selten haben die Paare, die sich von mir trauen lassen wollen, bereits intime Beziehungen gehabt. Ich verlange, daß das aufhört, wenn es wirklich so gewesen ist. Bevor es weitergeht, müssen sie mir versprechen, daß sie von nun an (bis zur Hochzeit) Zurückhaltung und Selbstbeherrschung an den Tag legen.

Hier ist der Grund, warum. Wenn mit der Unzucht nicht einige Zeit vor der Ehe völlig Schluß gemacht wird, dann erfolgt nach der Hochzeit eine seltsame Umkehr ihrer Rollen. Die junge Braut heiratet mit Enttäuschung über das, was ihr Verlobter ihr angetan hat. Sie wird bald herrschsüchtig und aggressiv und übernimmt die Führungsrolle ihres Mannes, aus einer Mischung von Zorn und Ressentiment.

Und der Mann? Er fühlt sich schuldig, mit sich selbst enttäuscht und verfällt schließlich in Passivität. Sie übernimmt die Kontrolle (was ihr überhaupt nicht gefällt), während er sich zurückzieht (und sich elend fühlt). Und das, weil ihre intimen Beziehungen vor der Eheschließung begonnen haben.

Von den hunderten von unglücklichen Paaren, die zu mir zur Seelsorge kamen und die schließlich voreheliche Beziehungen zugaben, kann ich mich kaum an eine Ausnahme von dieser seltsamen Entwicklung erinnern. Ein Freund, der ein christlicher Psychologe ist, erzählte mir, daß das weitverbreitetste Problem, mit dem er in seiner Praxis zu tun hat, der passive Mann ist.

So viele Männer haben heute Schwierigkeiten, ihre richtige Rolle der Autorität in der Familie einzunehmen. Ich frage mich, wieviel das von aggressiven, aber unmoralischen Beziehungen vor der Ehe kommt ... und jetzt erleiden sie die umgekehrten Konsequenzen.

Vor ein paar Jahren klopfte ein junger Mann eifrig an die Tür meines Arbeitszimmers. Ich öffnete die Tür und sah, daß er weinte. Es sah so aus, als sei ihm ein tragisches Mißgeschick widerfahren, oder er habe einen engen Freund verloren. Ich war ihm vorher noch nie begegnet.

»Meine Frau und ich hatten einen ganz furchtbaren Streit«, schluchzte er.

Er sah recht jung aus, und so fragte ich ihn: »Wie lange sind Sie denn verheiratet?«

»Einen Monat«, antwortete er.

»Erzählen Sie mir, was geschehen ist.«

Er erzählte mir, wie er und seine Braut mehr als zwei Jahre lang vor ihrer Ehe zusammen geschlafen hatten.

»Es war zu einem ganz normalen Teil unserer Beziehung geworden und verlief recht harmonisch«, sagte er. »Wir dachten nicht, daß das Sexuelle für uns ein Problem sein würde.«

Aber innerhalb eines Monats nach ihrer Ehe erlebten er und seine Braut unglaubliche Frustration bis zu dem Punkt hin, daß sie es haßte, wenn er sie nur berührte. Ihm mißfiel es, wenn sie ihm gegenüber Avancen machte.

»Ich hätte es noch vor sechs Monaten nicht für möglich gehalten«, sagte er mit Tränen der Reue, »daß wir beide in diesem Bereich Probleme haben würden. Anscheinend bin ich impotent.«

Wenn Sie nicht wollen, daß ihre »Flitterwochen« aufhören, dann fangen Sie Ihre Ehe richtig an. Wenn Sie bereits verheiratet sind, aber Sie und Ihr Partner pflegten intime Beziehungen vor der Ehe, dann müssen Sie mit dieser Erinnerung fertig werden. Gestehen Sie offen und in Worten demütig Ihre Schuld und bitten Sie um volle Vergebung. Gott wird eine solche Buße ehren.

Intime Beziehungen müssen selbstlos sein

Das vierte Prinzip, das wir auch in 1. Korinther 7 finden, besagt, daß intime Beziehungen in der Ehe Ausdruck selbstloser Liebe sind und nicht selbstsüchtiger Lust.

Doch um der Unkeuschheit willen habe ein jeglicher seine eigene Frau, und eine jegliche habe ihren eigenen Mann. Der Mann leiste der Frau die schuldige Pflicht, desgleichen die Frau dem Manne. *(V. 2–3)*

In unserer Ehe machte es einen bedeutenden Unterschied, als mir klar wurde, daß intime Beziehungen in der Ehe nicht nur meiner eigenen Befriedigung dienen sollen, sondern auch die meiner Frau. Aus ihrem Standpunkt gesehen, sollten sie nicht ihrer, sondern meiner Befriedigung dienen. Wenn Paulus von der »Pflicht« spricht, stellt er fest (V. 4), daß die Frau »ihres Leibes nicht mächtig ist«. Zweifellos spricht er hier von Selbstlosigkeit. Sie lebt nicht mit dem selbstsüchtigen Verlangen nach Befriedigung. Vielmehr lebt sie mit dem selbstlosen Verlangen, ihren Mann zu befriedigen. Gleichermaßen ist der Mann »seines Leibes nicht mächtig«, sondern die Frau. Beide Partner spielen eine doppelte Rolle. Indem sie das Verlangen des anderen erfüllen, erleben sie beide Vergnügen und Erfüllung. Das ist eine wunderbare Art und Weise zu leben.

Wir können das durch zwei Beispiele näher erläutern. Zuerst einmal denken Sie an die treue, liebevolle Mutter, die treu das Frühstück, Mittagessen und Abendessen für ihre Familie jeden Tag bereitet. Bereitet sie alle diese Mahlzeiten, um ihren eigenen Hunger zu stillen? Wie oft bereitet sie eine Mahlzeit, um ihren eigenen Hunger zu stillen? Wie oft, weil die Familie hungrig ist? Wenn Ihre Familie der unseren ähnlich ist, sehr oft! Was sie dazu treibt, ihrer Verantwortung beim Zubereiten der Mahlzeiten treu zu bleiben, ist der selbstlose Trieb, die Bedürfnisse anderer zu erfüllen. Dieses Beispiel illustriert den Gedanken des vierten Prinzips recht gut.

Oder denken Sie an den jungen Mann, der eine glänzende Zukunft im geschäftlichen Bereich hat, aber beschließt, daß Gott ihn zum Dienst berufen hat. Er besucht drei oder vier Jahre lang ein Seminar (und macht dann ein Probejahr), damit er eines Tages einmal Gott als Pastor dienen kann. Er tut das nicht, um seine eigenen Bedürfnisse zu befriedigen. (Wenn das der Fall sein sollte, dann folgt er nicht einem Ruf Gottes.) Er tut das, damit die Bedürfnisse im Leben anderer Menschen gestillt werden können. Es handelt sich nicht um einen selbstsüchtigen Trieb. Wenn es sich um einen gesunden Trieb handelt, dann ist er selbstlos. So soll es in der Ehe sein — selbstlos gibt sich der eine Partner dem anderen.

Intime Beziehungen: Ohne Unterbrechung

Das fünfte Prinzip finden wir in Vers 5: Intime Beziehungen in der Ehe sollen nicht unterbrochen werden (mit seltenen Ausnahmen).

> *Entziehe sich nicht eins dem andern, es sei denn mit beider Bewilligung eine Zeitlang, daß ihr zum Beten Ruhe habt; und dann kommt wiederum zusammen, auf daß euch der Satan nicht versuche, weil ihr euch nicht enthalten könnt.*
> *(1. Korinther 7, 5)*

Das bedeutet, daß das gesunde Leben und der gesunde Trieb eines Ehepaars nicht gehemmt oder unterdrückt werden soll, ganz gleich, wie lange sie verheiratet sind, mit Ausnahme von seltenen Gelegenheiten, gemäß der folgenden drei Richtlinien. Erstens, nur bei gemeinsamen Übereinkommen, zweitens, bei einem Grund, der ernst genug ist, daß besonders intensives Gebet nötig ist. Drittens, es soll nur vorübergehend sein, damit sie danach wieder zusammenkommen.

Ich bin sehr darüber besorgt, daß es in diesem Bereich bei vielen christlichen Ehen mangelt. Ich habe Männer und Frauen gekannt, die großartige Lehrer und Studenten der Bibel waren, die aber in diesem Bereich ihres Lebens Schwierigkeiten hatten. Vielleicht werden Sie sagen: »Wenn der Herr einmal den ersten Platz einnimmt, dann braucht man so etwas wie eine starke sexuelle Beziehung nicht.«

Gott ist nicht dieser Meinung. Außer in seltenen Fällen hört dieser Trieb nicht auf. Das wird leider durch die große Anzahl von Männern bezeugt, deren Zeugnis durch unmoralisches Verhalten zerstört worden ist.

Die Flitterwochen: Warum können sie nicht von neuem beginnen?

Weshalb hören die Flitterwochen auf? Für manche ist es vielleicht viel komplizierter, als ich es dargestellt habe. Vielleicht hat es mit einem körperlichen Mangel oder einer Geisteskrankheit zu tun. Dann ist oft professionelle Hilfe nötig. Andere leiden vielleicht an ihrer Unwissenheit. Sie sind nicht richtig informiert und verwenden falsche Methoden. Heute gibt es ausgezeichnete Bücher zu diesem Thema. Vielleicht brauchen Sie den Ratschlag von jemandem, der Ihnen helfen könnte, in diesem Bereich zurechtzukommen.

Manche sind vielleicht Opfer schlimmer oder tragischer Erlebnisse. Vielleicht hatten sich ein schlechtes Verhältnis zu Ihrem Vater oder Ihrer Mutter. Vielleicht wurden Sie mißhandelt oder vergewaltigt. Diese Wunden müssen heilen, wenn sie der Grund für Ihre Schwierigkeiten sind.

Manche sind einfach gelangweilt; intime Beziehungen sind zu einer Routine geworden. Dadurch sind die Freuden und die Ekstase der ehelichen Liebe verschwunden. Warum nehmen Sie sich nicht »kleine Flitterwochen« an einem und dann mehreren Wochenenden? Ist Ihr Leben derart gestaltet, daß es Ihnen nicht möglich ist, regelmäßig ab und zu einmal ein Wochenende ohne Bücher, Aktentasche und Kinder zu verbringen? Heutzutage haben wir es wirklich nötig. Wenn es so schön war, zur Zeit als Sie sich verliebten, am Strand spazieren zu gehen, warum soll es nicht heute noch schön sein? Tun Sie es auf jeden Fall!

Ich bin sehr um Missionare besorgt, die auf Urlaub vom Missionsfeld zurückkehren und ihre ganze Zeit von einer Versammlung zur anderen hetzen. Oft brauchen sie ihre Flitterwochen! Tatsächlich brauchen sie sie auch auf dem Missionsfeld. Und die Ehepaare, die sich dafür die Zeit nehmen, sind wirklich klug.

Oft enden die Flitterwochen einfach deshalb, weil sich die Gewohnheiten eines Ehepaars wie Beton festgesetzt haben. Aus keinem besonderen Grund verlieren Ehepaare das Interesse und werden kalt. Gott hatte es so geplant, daß sexuelle Beziehungen warm, aufregend, gesund und wachsend sein sollten. Durchbrechen Sie die Routine. Hinterlassen Sie ihr ab und zu einmal einen Liebesbrief. (Sie könnten ihr gleichzeitig eine Beruhigungstablette hinterlassen, damit sie nicht völlig aus dem Häuschen gerät!) Oder packen Sie eine Notiz mit in den Koffer, wenn Ihr Mann verreist. Schreiben Sie ihm, was Sie von ihm denken.

Eines Tages hatten wir einen sehr schwierigen Morgen zu Hause. Alles ging durcheinander. Wir konnten die Kinder nicht rechtzeitig zur Schule schicken, und meine Frau weinte, die Kinder weinten und ich war dem Weinen nahe, weil ich die Hauptursache dieses Durcheinanders war. Sie verließen alle das Haus, und ich blieb allein zurück. Ich setzte mich hin und schrieb meiner Frau einen Brief:

Liebling,

ich möchte Dir danken für alles, was Du für mich in meinem Leben bedeutest, dafür, daß Du Dich um so viele Einzelheiten kümmerst, damit ich die Freiheit habe, die Dinge zu tun, die ich zu tun habe. Ich kann Dir gar nicht sagen, was Dein Leben für mich bedeutet. Ich bewundere Dich und ich brauche Dich. Ich liebe Dich.

Ich dachte, sie würde sich den Brief ansehen und denken: »Na, das ist wirklich nett«, ihn in den Papierkorb werfen und einfach mit der Arbeit weitermachen. Wissen Sie, was Sie gemacht hat? Sie klebte ihn ans Fenster über dem Spülstein, damit jedermann ihn lesen konnte. Als mein Sohn, der sich im Teenageralter befindet, nach Hause kam, bemerkte er den Brief. In überschwenglicher Stimme las er ihn laut vor. Das ist der Preis, den man zahlen muß, wenn man etwas romantisch sein will!

Wann haben Sie Ihrer Frau zuletzt einen Brief geschrieben? Wann haben Sie ihr zuletzt unerwartet Blumen gebracht? Wann haben Sie Ihren Mann zuletzt mit einem Ausdruck der Zärtlichkeit überrascht? Oder ihn zärtlich gestreichelt und ihm Ihre Leidenschaft für ihn gestanden?

Der Sänger Cliff Barrows, der mit Billy Graham zusammen arbeitet, hat mir vor ein paar Jahren erzählt, wie er Freude und Glück in seinem Familienleben bewahrte. »Ich habe festgestellt, daß Ehen durch zwölf Worte zusammengehalten werden: »Ich habe Unrecht«, »Es tut mir leid«, »Bitte verzeih« und »Ich liebe dich«.

»Das ist wirklich gut«, lobte ich ihn.

»Ich habe sie nicht erfunden«, antwortete er, »aber sie funktionieren.«

Das war an einem Samstagabend. Am Sonntagmorgen (d. h. am nächsten Tag) dachte ich: »Das paßt wirklich gut in eine Predigt.« Und so erwähnte ich meine Unterhaltung mit Cliff. Am Sonntagabend dachte ich: »Das ist wirklich die Botschaft für heute abend.« Und so gebrauchte ich die Liste erneut. In der Bibelstunde am Mittwochabend dachte ich: »Es ist erstaunlich, wie gut diese Liste zu diesem Thema paßt.« Schon wieder sprach ich von der Liste. Am Samstagabend fand in unserer Gemeinde eine Hochzeit statt. Sie haben es erraten: Ich benutzte die Liste noch einmal in meiner Predigt.

Eine Frau in unserer Gemeinde war bei allen vier Gelegenheiten anwesend gewesen. Bei der Hochzeitsfeier sagte sie zu mir: »Chuck, in Wirklichkeit sind es 16 Wörter.«

»Tatsächlich?« sagte ich.

»Ja«, sagte sie und zwinkerte mit den Augen. »Sie lauten: ‚Ich habe Unrecht‘, ‚Es tut mir leid‘, ‚Bitte verzeih‘, ‚Ich liebe dich‘ und ‚Das ist eine Aufnahme!‘«

Sie hatte recht. Man kann es wie eine Tonbandaufnahme sagen, oder man kann es so sagen, als ob man es wirklich meint.

Was ich in diesem Kapitel deutlich machen will, ist die Tatsache, daß, wenn Sie verheiratet sind und die Freude intimer Liebesbeziehungen nicht erfahren, Sie damit das größte Privileg versäumen, das Gott uns auf Erden gegeben hat. Und wenn Sie es regelmäßig versäumen, dann sind Ihre Flitterwochen vorüber.

Wie wäre es, damit alles zu ändern?

Warum fangen Sie nicht heute damit an?

6 Termiten fressen an Ihrer Ehe

Wenn Braut und Bräutigam vor den Altar treten, verpflichten sie sich gegenseitig »bis der Tod uns scheidet«. Die Ehe ist eine feste Verbindung, auf gegenseitigem Vertrauen gebaut. Oder so sollte es zumindest sein. Das gegenseitige Vertrauen ist die Bindung, die die beiden Partner zusammenhält.

In diesem Kapitel möchte ich die kleinen Dinge besprechen, die an der Ehe nagen, sie schwächen und schließlich zerstören, wie kleine Termiten an einem Haus nagen.

Weil wir über den Wiederaufbau und die Wiederherstellung einer Ehe nachdenken, müssen wir uns mit Termiten beschäftigen, die an unserer Ehe nagen.

Die kleinen Dinge zählen

Ich bin davon überzeugt, daß es nicht die großen Probleme sind, die eine Ehe schwächen. Im Gegenteil, große Probleme stärken oft eine Ehe. Der Verlust eines Jobs, plötzliche Krankheit, der Tod eines Kindes, lange Abwesenheit wegen Militärdienstes — meistens vertieft sich dadurch die Liebe, und die Beziehung wächst.

Wirklich gefährlich sind die kleinen Dinge. Die kleinen Lecks, nicht die großen Löcher. Die kleinen, häßlichen »Plagen«, die wir selten behandeln und die letzten Endes das Familienleben zerstören, wenn zwei Menschen sich trennen.

Wir brauchen eine Inspektion

Wenden wir uns noch einmal dem Hohelied Salomos zu, das wir errötend im letzten Kapitel öffneten. In der bildhaften Ausdrucksweise des Liebhabers spricht der Mann mit seiner Frau. Es handelt sich um eine höchst intime Szene (wie die meisten in diesem Buch!), eine Szene von großer Zärtlichkeit und Romantik.

> *Meine Taube in den Felsklüften, im Versteck der Felswand, zeige mir deine Gestalt, laß mich hören deine Stimme; denn deine Stimme ist süß, und deine Gestalt ist lieblich.*
> *(Hoheslied 2, 14)*

Aber plötzlich, wie ein Blitz aus heiterem Himmel, kommt eine Warnung:

> *Fangt uns die Füchse, die kleinen Füchse, die die Weinberge verderben; denn unsere Weinberge haben Blüten bekommen.* *(2, 15)*

Das hört sich an wie ein Paukenschlag in einem Wiegenlied. Der Mann ist darum besorgt, daß ihre »Weinberge« (ihre wachsende, wunderbare Beziehung) nicht von »Füchsen« zerstört wird (die kleinen »Termiten«, die an einer Beziehung nagen). Deshalb schickt er ein Warnsignal: »Fangt die Füchse!« Oder, in unserem Beispiel, tötet die Termiten! Hier wird der Tatsache Ausdruck verliehen, daß die quälenden Biester (sozusagen) immer da sind und versuchen, die Blüten zu verschlingen. Das Ehepaar, das sich dieser Tatsache nicht bewußt ist, läuft Gefahr, daß eine Invasion ihres Weinberges stattfindet.

Es wird Sie erstaunen, daß jedes Jahr mehr Gebäude von Termiten als durch Feuer zerstört werden. Es scheint unglaublich, aber diese winzigen, fleißigen Insekten richten mehr Schaden an als das große Feuer, von dem groß in der Zeitung berichtet wird.

Vier »Termiten«, die Ehen schwächen.

Schlagen Sie jetzt das fünfte Kapitel des Briefes an die Epheser auf. Die letzten dreizehn Verse dieses großartigen Kapitels sind vielleicht die bekanntesten Worte des Neuen Testamentes zum Thema Ehe. Alles, was in dem Kapitel gesagt wird, ist eine Vorbereitung auf den Höhepunkt dieser Verse. Aber ich möchte, daß wir uns einmal die Verse 15 – 21 ansehen, den Abschnitt vor dem großen Finale. Hier finden wir eine Beschreibung der vier häufigsten Termiten, die an dem Bund der Ehe nagen.

Zuerst einmal lesen Sie diese Verse langsam, am besten laut.

> *So sehet nun wohl zu, wie ihr wandelt, nicht als Unweise, sondern als Weise, und kaufet die Zeit aus; denn es ist böse Zeit. Darum werdet nicht unverständig, sondern versteht, was da sei des Herrn Wille. Und saufet euch nicht voll Wein, daraus ein unordentlich Wesen folgt, sondern werdet voll des Geistes: redet untereinander in Psalmen und Lobgesängen und geistlichen Liedern, singet und spielet dem Herrn in*

euren Herzen und saget Dank allezeit für alles Gott, dem Vater, in dem Namen unseres Herrn Jesus Christus, und seid einander untertan in der Furcht Christi.

(Epheser 5, 15–21)

Verwirrung

Lesen Sie noch einmal Vers 15. Paulus fängt mit einem klaren Gebot an: »So sehet nun wohl zu.« »Seid auf der Hut«, könnte man sagen. Der griechische Ausdruck bedeutet wörtlich, daß man sich in acht nehmen soll, wie man nun genau lebt und sich verhält. Er verlangt eine echte Selbstanalyse. Das ist schmerzhaft, aber notwendig.

Weil wir hier über die Ehe nachdenken, fordert uns dieser Vers dazu auf: »Gebt acht, wie ihr nun genau eure Rolle als Ehemann oder Ehefrau erfüllt!« Um das beurteilen zu können, brauchen Sie einen genauen Maßstab. Sonst befinden Sie sich in einem Zustand ständiger Verwirrung und Unsicherheit. Der Maßstab ist natürlich die Bibel: Der verläßliche und irrtumsfreie Führer, der Ihre Gedanken richtig leiten wird. Wenn Sie sich diesem Buch zuwenden, finden Sie die richtige Perspektive, die Sie führen wird. Sie werden die Termiten-Verwirrung aus Ihrer Beziehung vertreiben können, wenn Sie ein klareres Verständnis Ihrer Verantwortung erlangen.

Ich habe drei Hauptgründe entdeckt, warum Männer und Frauen über ihre Rollen in der Ehe verwirrt werden.

Erstens werden sie von der säkularen Propaganda gegen eine monogame Beziehung bombardiert. Hören Sie sich lange genug solchen Unsinn an, wie »Die Ehe ist überholt!«, und »Wer wechselt, hat mehr Vergnügen«, und »Es degradiert eine Frau, sich einem Mann unterzuordnen« —, und bald entwickeln Sie, was Fachleute »Ängste im Unterbewußtsein« nennen. Das ist ein Fachausdruck für Verwirrung.

Zweitens entwickelt sich Verwirrung oft durch die Komplexität zwischenpersönlicher Beziehung. Lassen Sie mich erklären, was ich meine. Ein Mann und eine Frau haben eine einfache, unkomplizierte Beziehung zwischen zwei Personen. Diese grundlegende zwischenpersönliche Beziehung ist recht einfach — bis ein Kind die Bühne betritt. Plötzlich entstehen aus einer drei Beziehungen: Die Beziehung zwischen Mann und Frau, zwischen Mutter und Kind und zwischen Vater und Kind. Wenn sie noch ein weiteres Kind haben, werden daraus sechs zwischenpersönliche Beziehungen. Wenn Sie, wie wir, vier Kinder haben, dann wächst die Zahl auf 15. Fünf Kinder? Dann entwickeln sich in Ihrer Wohnung 21 verschiedene zwischenpersönliche Beziehungen. Wenn Sie noch mehr Kinder haben, brauchen Sie einen Computer, um das alles auszurechnen. Inwiefern stiftet das mehr Verwirrung? Eine Frau und Mutter stellt sich dann die Frage: »Bin ich eine Köchin ... eine Waschfrau ... eine Chauffeuse ... eine Schneiderin? Oder bin ich eine Mätresse ... ein Partner ... ein Seelsorger ... eine Reisegefährtin? Oder bin ich Sekretärin der Eltern-Lehrer-Vereinigung, Buchhalter, Student, alles in einem? Diese Art der Identitätskrise erstreckt sich auch auf den Mann, der zudem mit seiner »Midlife Krise« zu kämpfen hat.

Drittens sind manche Ehepaare einfach unreif. Wie viele von uns müssen zugeben, daß wir erst richtig erwachsen wurden, nachdem wir verheiratet waren? Ich weiß, daß das für mich und Cynthia zutrifft. Wir gingen nur eine Woche miteinander, dann fragte ich sie, ob sie mich heiraten wolle. So war es, liebe Freunde, ich wartete solange, um sicher zu sein, daß sie auch die richtige war. Sie war 16, ich war 18. Ein Beispiel von Reife und Stabilität. Wir heirateten 18 Monate später. Unsere Kinder necken ihre Mutter mit der Behauptung, daß ich ihr Schulzeugnis unterschreiben mußte. Das stimmt nicht. Wir warteten schon, bis sie die Oberschule absolviert hatte, ehe wir heirateten — genau zwei Wochen nach Schulabschluß. Wir hatten die Reife von ein paar Ziegen — und mehr Sturheit als ein ganzer Stall von Ziegen.

Innerhalb von 25 Jahren mußten wir mit sehr viel Verwirrung fertig werden. Ohne die richtungsweisende Schrift wäre uns das völlig unmöglich gewesen. Ohne die Schrift würde ich für ein Ehepaar zwei harmonische Jahre voraussagen — für manche nicht einmal zwei Monate. Die Termite der Verwirrung ist tödlich. Nur die Wahrheit Gottes kann sie beseitigen.

Zuviel zu tun

Eine andere Zerstörerin des Familienlebens ist die »Ich habe zuviel zu tun«-Termite. Lesen wir noch einmal Epheser 5, 15 – 16.:

> *So sehet nun wohl zu, wie ihr wandelt, nicht als Unweise, sondern als Weise, und kaufet die Zeit aus; denn es ist böse Zeit.*

Etwas, was böse ist, ist dem Guten feindlich gesinnt. Das beschreibt die heutige Zeit: Böse. Dem Guten feindlich gesinnt. Viele Ehepaare beschäftigen sich mit viel zu vielen Dingen. Dabei handelt es sich nicht unbedingt um schlechte Dinge, lediglich um zu viele.

Was für seltsame Spezies sind wir doch! Der Mensch ist das einzige Tier, das schneller rennt, wenn es die Orientierung verloren hat. Das Ergebnis? Irritation, gespannte Nerven, Ungeduld, Zerstreutheit. Wichtige Entscheidungen, die Wahl von Prioritäten werden aufgeschoben. Ja, solche Tage sind böse. Versuchen Sie nicht dem aus dem Weg zu gehen, sondern konfrontieren Sie sich mit dem Problem. Geben Sie es zu. Besser noch, nehmen Sie das Gebot der Schrift ernst und fangen Sie damit an, »die Zeit auszukaufen«.

Kenneth Gangel hat zu diesem Thema Worte geschrieben, in denen wir alle unsere Schuld erkennen.

> Der Mann, der jeden Tag eine Stunde zur Arbeit und eine Stunde zurückfahren muß und dann dort acht oder neun Stunden verbringt, hat weniger Zeit, wenn es notwendig ist, etwas Zeit mit seiner Frau und seinen Kindern zu verbringen. Aber hier geht es wieder um die Frage der Prioritäten. Es geht nicht darum, wie der Mann alle seine Zeit verbringt, sondern was er mit der Zeit macht, die ihm frei zur Verfügung steht.

Mit dieser Frage müssen sich Männer und Frauen auseinandersetzen. Meiner Beobachtung nach verstoßen christliche Ehepaare am schlimmsten gegen diese Prinzipien. Aus irgendeinem Grund produzieren wir mehr arbeitssüchtige, neurotische, nervöse, furchtsame Menschen denn je. So manches Kind sieht bestürzt zu, wie Mama und Papa durch die Gegend rennen, von einer Versammlung zur anderen, zwischendurch schnell einen »Big Mac« in sich hineinstopfen und unterwegs religiöse Klischees von sich geben. Dabei machen wir uns nur selbst etwas vor. Ständig unterwegs zu sein und etwas zu tun zu haben, ist ein Feind des Familienlebens. Es ist eine böse, selbstsüchtige Kraft, die Dinge von uns verlangt, die uns schaffen.

Ich las Sätze in einem Buch, die es wert sind, gelesen zu werden. Nehmen Sie sich Zeit, den Inhalt richtig aufzunehmen. Vielleicht sollten Sie es zweimal lesen.

Bremse mich, Herr!

Beruhige mein klopfendes Herz und stille meinen Geist.

Zügele mein Tempo mit einer Vision der Ewigkeit.

Gib mir, inmitten des Wirrwarrs des Tages, die Ruhe der ewigen Berge.

Entspanne meine Nerven und Muskeln mit der sanften Musik der singenden Ströme, die in meinem Gedächtnis wohnen.

Lehre mich die Kunst kleiner Ferien — das Innehalten »um eine Blume zu betrachten, mich mit einem Freund zu unterhalten, einen Hund zu streicheln, einem Kind zuzulächeln, ein paar Zeilen aus einem guten Buch zu lesen.

Bremse mich, Herr, und inspiriere mich, meine Wurzeln tief in den Boden der andauernden Werte des Lebens zu schlagen, damit ich für mein größeres Schicksal wachsen kann.

Erinnere mich jeden Tag, daß es nicht unbedingt die Schnellen sind, die das Rennen gewinnen, daß zum Leben mehr gehört als nur die ständige Erhöhung der eigenen Geschwindigkeit.

Laß mich die Eiche emporblicken und erkennen, daß sie so groß und stark gewachsen ist, weil sie langsam und gut wuchs.

Orin L. Crain

Eine durchdringende Darstellung, nicht wahr? Glauben Sie mir, die Termite »Ich habe zuviel zu tun« wird letzten Endes Ihre Ehe ruinieren, wenn Sie sie nicht vernichten. Es wird Sie in ein fanatisches, entschlossenes Rennpferd verwandeln, dem es (letzten Endes) nicht möglich sein wird, sein Tempo zu verlangsamen. Ein guter Fall für einen Herzinfarkt. Ich möchte es Ihnen ganz unverblümt sagen: Kein fanatischer Eifer, kein edler Ruf kann je die Zerstörung eines Familienlebens rechtfertigen ... ganz gleich, wie religiös oder geistlich der Grund auch sein mag!

Hören Sie auf das Zeugnis eines ehemaligen Arbeitssüchtigen, vernichten Sie diese Termite.

Mangel an Sensibilität

Wir haben uns mit der Termite der Verwirrung und der Termite »Ich hab zuviel zu tun« auseinandergesetzt. Beide sind für eine Ehe katastrophal. Es gibt noch eine andere — die Termite des mangelnden Mitgefühls.

Sehen Sie sich noch einmal Epheser 5, 17 an:

> *Darum werdet nicht unverständig, sondern versteht, was da sei des Herrn Wille.*

Jahrhunderte bevor Paulus diese Worte schrieb, hatten die Hebräer einen Ausdruck für »Narr«. Er entstammte einem Verb, das »gefühllos, unempfindlich sein« bedeutet. Wie eine dicke Schwiele, durch die man nichts fühlen kann.

Der gleiche Gedanke findet sich hier im Brief an die Epheser. Wörtlich heißt es »Sei nicht so unempfindsam«, oder »Mache dir Unempfindlichkeit nicht zur Gewohnheit!« Auf die Ehe angewendet, können wir hören, wie Gott zu uns sagt: »Sei in deiner Beziehung zu deinem Partner nicht so gefühllos!« Das ist ein guter und nötiger Ratschlag.

Wenn die Termite des mangelnden Mitgefühls eine Ehe angreift (diese Art braucht gewöhnlich ein paar Jahre), führt es zu Reaktionen wie: »Ich habe wirklich keine Ahnung, was läuft«, oder schlimmer noch: »Das kümmert mich nicht mehr viel ... die Anstrengung lohnt sich nicht.« Gott sagt uns ganz klar: »Hör auf, so zu denken! Laß das sein! Du mußt diese Angewohnheit loswerden!«

Aber wie?

Wie kann ein Ehepaar einen Geist, der von Gefühllosigkeit gekennzeichnet ist, loswerden? Sehen wir uns noch einmal den 17. Vers an. Nach dem negativen folgt sofort ein positives Gebot. Beide ergänzen einander:

> *... sondern versteht, was da sei des Herrn Wille.*

Der Schlüssel dazu ist »Verständnis«. Ein verläßliches Fachbuch zum Neuen Testament erklärt das Problem des Mangels an Mitgefühl: »... der Mangel an dem gesunden Menschenverstand entsprechender Wahrnehmung der Wirklichkeit der Dinge.«

Gott bietet eine Lösung an — denken Sie ernsthaft, mit gesundem Menschenverstand, darüber nach, was der Wille des Herrn für Sie als Frau und als Mann ist. Die dicke Barriere der Gefühllosigkeit in einer Ehe zu durchbrechen ist schwer, aber nicht unmöglich.

Fast jeden Sommer fährt die Swindoll Familie für eine Woche nach Mount Hermon in die Ferien, ein bildhübsches christliches Heim auf den kühlen, waldreichen Hügeln entlang der Küste in der Nähe von Santa Cruz. Einige unserer schönsten Erinnerungen stammen aus Tagen, die wir in dieser schönen Umgebung verbracht haben. Vor ein paar Jahren sprach ich dort bei einer Familientagung, und wir lernten eine Familie kennen, die zum ersten Mal dorthin gefahren war. Der Vater war ein intelligenter, energischer junger Geschäftsmann, beschäftigt bei einer aggressiven Firma an der Westküste. Seine Frau war gleichermaßen intelligent, attraktiv, und die liebevolle Mutter ihrer drei Kinder. In diesem Jahr sprach ich über die Familie, entwickelte verschiedene Prinzipien aus der Bibel und erklärte, wie relevant sie für unsere Zeit war. Es war eine herrliche Zeit. Wie immer erfüllte das Wort Gottes seine Aufgabe. Leben wurde verändert.

Im Laufe der Woche begann ich mich besonders für dieses Ehepaar zu interessieren. Sie erinnerten mich an zwei hungrige Kücken. Jedes Mal, wenn wir uns versammelten, waren sie dabei, hörten aufmerksam zu und schienen jeden biblischen Gedanken eifrig aufzunehmen.

Bevor wir uns am Samstag verabschiedeten, kamen sie zu mir und umarmten mich. Ich konnte beide schluchzen hören. In kurzer Zeit hatten sie mir ihre Geschichte erzählt. In Tränen gaben sie zu, daß sie in die Falle der Gefühllosigkeit gestolpert waren. Er war mit seiner Arbeit beschäftigt, um die Leiter seiner geschäftlichen Karriere emporzusteigen. Er war entschlossen, die Spitze zu erreichen, bevor er 50 war. Sie kompensierte, indem sie zur Supermutter wurde, um den ständig abwesenden Vater zu ersetzen und ihre Kinder mit allem zu versorgen. Beide kreisten auf verschiedenen Bahnen und kannten die Ziele und Sorgen des anderen kaum.

Keine außereheliche Beziehungen, keine großen Auseinandersetzungen und kein Gedanke an Scheidung. Aber sie führten getrennte Leben. Ihr wachsender Mangel an Mitgefühl für den anderen wurde ihnen verständlich, als sie sich der Schrift zuwandten und die Anweisungen über das Familienleben hörten. Wortwörtlich »verstanden sie, was da sei des Herrn Wille« und gehorchten. Innerhalb einer Woche fand in dieser Ehe eine Revolution statt. Zum ersten Mal seit Jahren fingen sie an, darauf zu hören, was der andere zu sagen hatte, und dem Wesen des anderen bewußt zu sein. In den Worten des Paulus, sie hörten auf »unverständig« zu sein. Die Termite des Mangels an Mitgefühl wurde in dieser Ehe damals auf Mount Hermon im Sommer ausgerottet.

Vor dem Ende dieses Kapitels müssen wir noch eine Termite erwähnen, die auf eine Ehe verheerende Auswirkungen haben kann. Wenn Sie hören, worum es sich handelt, werden Sie mir zustimmen.

Ja, einfache Dickköpfigkeit. Die Termite der Sturheit kann das Familienleben zur Hölle machen.

In Epheser 5, 18–21 heißt es:

> *Und saufet euch nicht voll Wein, daraus ein unordentlich Wesen folgt, sondern werdet voll des Geistes: redet untereinander in Psalmen und Lobgesängen und geistlichen Liedern, singet und spielet dem Herrn in euren Herzen und saget Dank allezeit für alles Gott, dem Vater, in dem Namen unseres Herrn Jesus Christus, und seid einander untertan in der Furcht Christi.*

Dieser Abschnitt enthält viel interessante und wichtige Theologie, aber wir wollen uns auf das Thema der Ehe beschränken, denn davon spricht Paulus in den Versen 22 und 23.

Denken Sie vor allem an den letzten Vers, Vers 21. Dort heißt es: »... seid einander untertan...« Sind Sie dazu bereit?

Gegenseitige Unterordnung wird selten erwähnt. Der Vers könnte auch so übersetzt werden.

> *Seid einander untertan aus Respekt für Christus*

Das ist das Geheimnis! Die einzige Art und Weise, in der die Termite der Sturheit beseitigt werden kann, ist ein völliger Respekt für Christus. Wir müssen unsere Augen auf ihn richten und ihn als Herrn verehren.

Gefühle der Sturheit können sehr subtil, fast verborgen sein. »Ich kann es nicht aushalten, aber ich werde meine Zähne zusammenbeißen und es ertragen. Ich werde mit dir leben, aber erwarte von mir keine Kooperation.« Auf der anderen Seite kann ein sturer Wille sich ganz deutlich äußern: »Auf keinen Fall werde ich nachgeben! Ich will es so, und so wird es sein!« Ich will mehr über Streit in der Ehe im nächsten Kapitel sagen, aber es soll hier genügen zu sagen, daß diese Art des sturen Widerstands zu mehr Streit und Konflikt in der Ehe führt als jede andere Art von Problemen. Die Termite der Sturheit, wenn sie angefangen hat, ihren Schaden anzurichten, ersetzt Harmonie und Frieden mit Unverträglichkeit und Wut. Daraufhin macht sich das Elend breit.

Warum? Zurück zu Vers 21! Weil die Partner nicht gewillt sind, einander untertan zu sein — wie Gott es geboten hat.

Wenn Sie wollen, daß Ihre Ehe harmonisch gedeiht, müssen vier Termiten ausgerottet werden:

1. Verwirrung
2. »Ich hab' zuviel zu tun«
3. Mangel an Mitgefühl
4. Sturheit.

Mit Gottes Hilfe können Sie die Termiten finden und ausrotten. Aber das erfordert große Entschlossenheit.

Erstens, *geben Sie offen zu, daß Termiten an Ihrer Ehe nagen.* Hören Sie auf, die Wahrheit zu leugnen. Wenn das Licht des Wortes Gottes ein breites Licht auf Ihr Leben geworfen hat und die wahren Tatsachen aus ihrem Versteck hervorgebracht hat, bekennen Sie das. Leugnen Sie es nicht länger, identifizieren Sie die Ungeziefer beim Namen. Bekennen Sie so Ihre Schuld, Ihren Kampf und Ihre Tendenz zu dieser Art des Verhaltens.

Von der vierten Klasse bis zu meinem Studium lebte ich in Houston — der Stadt der Feuchtigkeit! Überall Insekten. Es ist unglaublich. Obwohl meine sauberkeitsbewußte Mutter es stets leugnete, hatten wir Küchenschaben im Haus. Für sie war diesen Insekten der Zugang zu unserem Haus verwehrt — aber anscheinend begriffen sie das nicht. Schließlich beschloß ich, ihr unmißverständlich zu beweisen, daß wir tatsächlich Küchenschaben im Haus hatten. Leise gingen wir auf Zehenspitzen in die Küche, und plötzlich knipste ich das Licht an. Meine Mutter schrie auf. Die Küchenschaben müssen auf dem Küchenboden ein Sportfest veranstaltet haben. Erschreckt verschwanden sie in alle vier Richtungen. Meine Mutter hielt sich die Hand vor die Augen. Das Licht hatte ihre Gegenwart offenbart. Von nun an gab sie zu, daß wir wirklich von diesen Biestern geplagt wurden.

Vielleicht sind Sie ein Ehepartner, der ans positive Denken gewöhnt ist. Schön und gut, solange Sie die Wirklichkeit nicht leugnen. Wenn Termiten an Ihrer Ehe nagen, geben Sie es zu! Wenn sie vom Licht der Schrift offenbart werden, besteht der erste Schritt zu ihrer Ausrottung in dem Eingeständnis, daß sie wirklich vorhanden sind.

Zweitens, *diskutieren Sie* und beschließen Sie, wie Sie die Termiten ausrotten werden. Es ist lächerlich, über ihre Gegenwart Bescheid zu wissen und dann nichts zu tun. Weil Termiten die einzigen Insekten sind, die nie schlafen (selbst die Welt der Ungeziefer hat ihre Arbeitssüchtigen), sind sie unermüdlich am Werk. Sie *müssen* ausgerottet werden. Gleiches gilt für das störende und destruktive Ungeziefer in Ihrer Ehe. Wie bei Termiten mag es Ihnen nicht gelingen, alle für immer auszurotten, aber Sie können auf jeden Fall genug von Ihnen vernichten, um Ihre Familie zu retten. Suchen Sie gemeinsam mit Ihrem Partner nach Lösungen.

Drittens, sie müssen *heute* damit anfangen. Nicht morgen. Nicht wenn Sie dieses Buch ausgelesen haben ... oder wenn Sie Versprechen machen, mit Ihrem Partner zu kooperieren. Nein, *jetzt!* Heute. Bitten Sie den Herrn, direkt mit Ihrem Teil des Problems fertig zu werden. Bitte — schieben Sie es nicht auf.

Erinnern Sie sich an Ihr Ehegelöbnis? Gott hat Ihre Versprechen gehört. Er lächelt über jede Anstrengung, die Sie machen, Ihre Versprechen zu halten und das Vertrauen in Ihrer Ehe zu stärken.

Lächelt er immer noch?

7 Wie man sich so richtig streitet

Sie werden sicher überrascht sein zu erfahren, daß sich neben dem Haus, in dem ich aufwuchs, ein Boxring befand. Jeden Samstagabend ein Ringplatz! Mitten in der Woche fanden abends Kämpfe statt, aber der Hauptkampf wurde stets am Samstagabend abgehalten, und zwar sehr spät, etwa zwischen halb zwölf und ein Uhr.

Die Kämpfe waren niemals fair. Da stiegen ein elfjähriger Bantamgewichtler, ein Vater mit Weltergewicht und eine Mutter mit leichtem Schwergewicht in den Ring. Was für eine Szene!

Wenn der Hauptkampf begann, versammelten sich die Swindoll-Kinder schnell im Schlafzimmer der Jungen, knipsten das Licht aus, öffneten das Fenster und guckten zu. Meine Mutter bereitete uns Popcorn und servierte es mit Coca Cola oder Kakao. Ich sage Ihnen, es war besser als Hawaii Fünf Null, Kojack und Bonanza zusammengenommen. Es war die beste Show in Houston — stets voller Überraschungen und Aufregung. Um ganz ehrlich zu sein, es tat mir leid, als unsere Nachbarn schließlich fortzogen.

An zwei Dinge erinnere ich mich ganz besonders, wenn ich an jene Nachbarn denke. Erstens: Sie besaßen ein Radio, das als Gong diente, um das Ende der Runde anzusagen. Jedes Mal, wenn es auf ihre Veranda flog, wußten wir, daß der Kampf fast vorüber war. Zweitens besaßen sie einen Lincoln Zephyr aus dem Jahre 1941 — ein riesiges Ding mit 16 Zylindern ohne Schalldämpfung — der stets ihre Ankunft verkündete. Sobald wir das Quietschen der Reifen und das Brüllen des Motors hörten, der dem Geräusch eines Sherman Panzers glich, stiegen wir aufs Bett und starrten in kindlichem Staunen aus dem Fenster.

Das Ganze fing auf der Einfahrt an; fünf oder zehn Minuten jagten sie einander um den Wagen herum. Sobald jemand das Haus betrat, wurde schnell das Licht angeknipst. Natürlich hatten sie keine Vorhänge, und es gab keine Regeln und keinen Gong. Es war einfach ein Kampf »jeder für sich« und dauerte manchmal zehn Minuten, manchmal bis zu 2 Stunden.

Ich werde jene Samstagabende nie vergessen. Nachdem wir bereits ins Bett geschickt worden waren, lag ich noch wach und dachte darüber nach, wieviele Familien in dieser großen Stadt wohl miteinander kämpften.

Streitigkeiten kommen häufig vor

Als ich etwas älter wurde, befreundete ich mich mit einem Fahrer eines Krankenwagens. Machmal nahm er mich auf seinen Fahrten mit, und ich entdeckte, daß es in vielen anderen Häusern auch einen Boxring gab.

Selbst jetzt begegne ich erstaunlich vielen Leuten, die miteinander kämpfen. Ich will damit nicht sagen, daß sie stets mit Fäusten aufeinander losgehen, aber manchmal geschieht auch das. Vor einiger Zeit erzählte mir ein wiedergeborener Christ, daß er große Schwierigkeiten habe, seine Wut im Zaum zu halten. Es geschah nicht selten, daß er seine Frau und seine Kinder mehrfach schlug. Es bekümmerte ihn tief, was wohl die Ursache seines Verhaltens sein mochte.

In Wahrheit ist es so, daß nicht einige, sondern die meisten Ehen periodische Scharmützel erleben — und gelegentlich einen totalen Krieg. Oft findet ehelicher Krieg in den Gräben der kampflustigen Stimmung oder der schlechten Laune statt. Manche Kämpfe sind »Nachtschlachten« oder »Überraschungsangriffe«. Andere sind die kalten Kriege des stoischen Schweigens. Grausame Foltermethoden finden Anwendung — öffentliche Kritik, furchtbare Drohungen, Einschüchterung, häßlicher Sarkasmus und haßerfüllte Bemerkungen, die alle dazu dienen, den anderen Partner zu erniedrigen.

Solche Taktiken sind populär ... aber falsch, denn sie sind nicht fair und können nie zu häuslichem Frieden führen. Es wird vielleicht nicht möglich sein, allen Streit zu vermeiden, aber in diesem Kapitel möchten wir lernen, warum Paare sich in die Haare geraten, und mit Hilfe welcher Regeln wir dafür sorgen können, daß der Konflikt sauber und nützlich bleibt.

Warum Streit in der Ehe?

Nachdem ich viele Jahre lang Ehestreit beobachtet habe und mit den Folgen in der Seelsorge zu tun hatte, habe ich zwei grundlegende Tatsachen über Ehestreitigkeiten erkannt. Erstens, die meisten Ehepaare fangen erst an sich zu streiten, nachdem sie geheiratet haben. Selten geschieht es, daß sich ein verlobtes Paar streitet. Warum ändert sich das, wenn Menschen heiraten? Bevor man sein Jawort gibt, ist alles, was man tut, freiwillig; danach jedoch »muß man«. Vor der Hochzeit ist alles frei und offen, danach lebt man in einer Situation des Zwangs. Hinzu kommt noch, daß Partner in vorehelichen Beziehungen nie ganz ehrlich miteinander sind. Sie versuchen, einen guten Eindruck zu machen, und geben oft vor, Dinge zu mögen, die sie in Wirklichkeit verabscheuen.

Nehmen wir zum Beispiel an, das Mädchen begeistert sich für die Oper, und ihr Freund kann sie nicht ausstehen. Sie seufzt: »Laß uns doch die Vorstellung der ‚Carmen' besuchen.« Er lügt. »Oh, ich würde das liebend gern tun!« Dann kauft er zwei Eintrittskarten, und sie besuchen die Vorstellung. Er haßt jede Minute, aber er gibt es nicht zu. Nachdem sie verheiratet sind, sagt sie: »Liebling, laßt uns doch in die Oper gehen.« Er sagt: »Ich kann die Oper nicht ausstehen.« Sie kann es nicht begreifen, und wenn er ehrlich sein soll, kann er es auch nicht begreifen, warum er diesbezüglich die Wahrheit nicht vor der Ehe schon gesagt hat.

Oder, das Mädchen kann das Angeln nicht ausstehen, und es ist das Lieblingshobby ihres Freundes. Vor der Hochzeit sagt er: »Ich komme und hole dich um drei Uhr morgens ab, und wir verbringen den ganzen Tag am See mit angeln.« Sie antwortet (fälschlich): »Dufte!« Und so steht sie um 2 Uhr 30 früh morgens auf, streicht Butterbrote und wird um 3 Uhr 30 abgeholt. Sie singt und sagt ihm, wie sehr sie ihn liebhat, und sie verbringen den ganzen Tag mit angeln. Dann heiraten sie. Mehrere Monate später sagt er: »Liebling, laß uns morgen früh aufstehen und angeln gehen.« Sie antwortet: »Ohne mich. Ich kann das Angeln nicht leiden.«

»Wieso denn? Du bist doch immer mit mir gegangen?«

Gong! Schon hat der Streit begonnen.

Die Probleme sind noch tiefgreifender. Vor der Ehe ergreift der Mann die Initiative im Liebesverhältnis. Er tritt sicher und entschlossen auf, was ihr sehr gefällt. Nach der Hochzeit sieht er seine Braut als jemanden, der sich um ihn kümmern soll. Sie erwartet von ihm, daß er immer noch die gleiche Führungsrolle spielt, aber vergebens. Erkennen Sie, warum Paare oft nicht vor, sondern erst nach der Hochzeit streiten?

Eine weitere Tatsache dürfen wir nicht übersehen: Die meisten Auseinandersetzungen werden nicht fair geführt. Ergebnis: Keiner gewinnt, beide verlieren! In diesen Konflikten greifen Ehepaare zu unbiblischen, schmutzigen Methoden ... sie beschimpfen sich mit häßlichen, zerstörenden Bemerkungen und werden manchmal sogar tätlich.

Auseinandersetzungen gehören zur Ehe. Wir müssen hier ganz realistisch sein. Wenn zwei unabhängige, starke Personen zusammen leben, dann ist etwas Reibung unvermeidlich.

Vor ein paar Jahren war ich in Pittsburgh und übernachtete in einem Hotel, von dem aus man die Stelle sehen konnte, wo zwei große Flüsse ineinander münden — der Allegheny und der Monongahela. Wo diese beide großen Flüsse sich zu einem vereinen, ist die Strömung sehr stark.

So ist es auch in einer Ehe. Wenn zwei starke, unabhängige Persönlichkeiten am Altar zusammenfließen, entsteht sehr viel Energie. In manchen Fällen bricht plötzlich die Hölle los, und das Ehepaar kann nicht begreifen, warum. Aber es handelt sich um ein natürliches Problem, mit dem jedes Ehepaar fertigwerden muß. Wenige Ehepaare können ehrlich sagen, daß sie nie ernsthafte Auseinandersetzungen durchgemacht haben.

Regeln für ehelichen Konflikt

Wie können Ehepartner die Auseinandersetzungen durchmachen und trotzdem die Harmonie der Ehe bewahren? Epheser 4, 25 – 32 enthält Grundlagen für Regeln des ehelichen Konflikts. Aus diesem Passus können wir *sieben Regeln* entnehmen, die es Ihnen ermöglichen, mit ihren normalen Auseinandersetzungen fertigzuwerden, ohne sich in einer Art und Weise zu verhalten, die der Schrift widerspricht.

Wenn Sie der Typ sind, der leicht in Konflikte gerät, möchte ich Ihnen dringend raten, diese Regeln aufzuschreiben und sich irgendwo an die Wand zu kleben oder auf den Schreibtisch zu legen, damit Sie Ihnen ständig vor Augen sind, bis sie Teil Ihres Lebens geworden sind. Die biblische Grundlage lautet wie folgt:

> *Darum leget die Lüge ab und redet die Wahrheit, ein jeglicher mit seinem Nächsten, weil wir untereinander Glieder sind. Zürnet ihr, so sündiget nicht; lasset die Sonne nicht über eurem Zorn untergehen, und gebet nicht Raum dem Lästerer. Wer gestohlen hat, der stehle nicht mehr, sondern arbeite und schaffe mit seinen Händen etwas Gutes, auf daß er habe zu geben dem Bedürftigen. Lasset kein faul Geschwätz aus eurem Munde gehen, sondern was gut ist und das nötige fördert, das redet, auf daß es Segen bringe denen, die es hören. Und betrübet nicht den Heiligen Geist Gottes, mit dem ihr versiegelt seid auf den Tag der Erlösung. Alle Bitterkeit und Grimm und Zorn und Geschrei und Lästerung sei ferne von euch samt aller Bosheit. Seid aber miteinander freundlich, herzlich und vergebet einer dem andern, gleichwie Gott euch vergeben hat in Christus.*
>
> *(Epheser 4, 25 – 32)*

Seid ehrlich

Die erste Regel stammt aus Vers 25: *Seien Sie stets ehrlich und respektvoll.* Wenn Sie den 25. Vers so lesen würden, wie er ursprünglich von Paulus geschrieben wurde, würde er lauten: »Deshalb, nachdem ihr alle Lüge abgelegt habt, sprecht die Wahrheit.« Im Griechischen gibt es eine Zeitform eines Verbs, die bedeutet, daß zu einem bestimmten Zeitpunkt irgendetwas getan wird, und eine andere Zeitform, die den Gedanken einer ständigen Handlung vermittelt. Das Verb für »ablegen« befindet sich in der ersteren Zeitform, und wenn es im Satz zusammen mit einem Hauptverb erscheint, so findet diese Handlung stets vor der Handlung des Hauptverbs statt. Mit anderen Worten, das ablegen soll zu einem bestimmten Zeitpunkt stattfinden ... und zwar vor dem nächsten Ereignis, das Sie jetzt anfangen, die Wahrheit zu reden. Darum habe ich es so übersetzt: »Deshalb, *nachdem* ihr alle Lüge abgelegt habt, sprecht die Wahrheit.«

Es handelt sich nicht um etwas, das man jeden Tag aufs Neue tut. Vielmehr sollen Sie sich als Mann und Frau gegenseitig versprechen: »Liebling, ganz gleich was geschieht, ich möchte, daß du weißt, von diesem Tag an ist es für immer mein tiefster Wunsch, dir gegenüber ehrlich zu sein und dich als Person zu respektieren.« Das ist nicht etwas, was mit halbem Herzen immer wieder in einer Ehe wiederholt werden soll.

Manche von Ihnen haben sich nie gegenseitig auf diese Weise verpflichtet. Am Altar haben Sie bestimmte Dinge gelobt. Aber haben Sie sich auch in Worten und aus tiefstem Herzen dazu verpflichtet, Ihrem Partner gegenüber echt und ehrlich zu sein und ihn/sie als Person zu respektieren? Der Gedanke des Respekts ist im letzten Teil des Verses 25 enthalten: »... redet die Wahrheit, ein jeglicher mit seinem Nächsten, weil wir untereinander Glieder sind.«

Ich traue nur Ehepaare, wenn die Partner wiedergeborene Christen sind, denn ich glaube, wenn man einen anderen wiedergeborenen Christen heiratet, man nicht nur einen Mann oder eine Frau bekommt, sondern auch einen Bruder oder eine Schwester im Glauben. Sie heiraten nicht bloß einen Mann oder eine Frau; Sie heiraten ein anderes Glied der Familie Gottes. Dadurch erhält Ihre Ehe eine wesentliche zusätzliche Dimension. Genauso wie Sie ein anderes Mitglied Ihrer Gemeinde respektieren, so sollen Sie auch Ihrem Ehepartner Respekt erweisen. Deshalb schlage ich vor, daß Sie sich dementsprechend gegenseitig verpflichten.

Es ist von wesentlicher Bedeutung, daß Sie sich zu einer ehrlichen Beziehung verpflichten, am besten noch bevor Sie heiraten, damit Sie nicht in die Versuchung geraten, Ihrem Partner etwas vorzumachen, eine Rolle zu spielen, um ihn/sie für sich zu gewinnen. Es ist mir ein großes Anliegen, daß Paare sofort am Anfang Ihrer Beziehung ganz offen und ehrlich miteinander sind. Sie sollten zueinander sagen: »Wir wollen uns nichts vormachen und keine Spiele miteinander treiben. Ich will dir gegenüber ehrlich sein, und ich will, daß du ehrlich bist. Ich kann es ertragen, und ich werde versuchen, dir taktvoll die gleiche Ehrlichkeit zu erweisen.« Wenn es dann tatsächlich zu Streitigkeiten kommt, läuft man nicht in die Gefahr, über viele Dinge auf einmal die Wahrheit zu erfahren.

Lassen Sie den Konflikt nicht außer Kontrolle geraten

Nach der Verpflichtung zu Ehrlichkeit und gegenseitigem Respekt ist die zweite Regel: *Passen Sie auf, daß Sie keine tödlichen Waffen gebrauchen.*

> *Zürnet ihr, so sündiget nicht.* *(V. 26)*

Vielleicht haben Sie den Sinn dieses Verses nie richtig verstanden. Er besagt nicht, daß Gott Ihnen gebietet, einen Wutanfall zu haben: Zorn kann uns überkommen. Gott aber warnt Sie, daß Ihr Zorn Sie nicht zur Sünde führen darf, denn Sünde führt zu einer todesartigen Existenz. Deshalb können die Waffen des Zorns tödlich sein.

Dieser Vers sagt: »Ich erlaube es dir, zornig zu sein, aber ich sage dir (und das wird im gleichen Atemzug hinzugefügt), gib acht, daß du nicht sündigst.« Wir alle können uns an Situationen erinnern, in denen unser Zorn uns zur Sünde verleitet hat. Ich brauche das nicht in allen Einzelheiten zu beschreiben. Wutausbrüche sind sündig. Zorn, der außer Kontrolle gerät, ist Sünde. Zorn, der einen dazu verleitet, jemand anders absichtlich zu verletzen, ist sündiger Zorn. Zorn, der sich in einer Flut von Schimpfworten ergießt, ist auch Sünde. Sie wissen, an welchem Punkt Zorn zur Sünde wird. Darum geht es hier im Epheserbrief.

Sprüche 18, 14 erläutert, warum es wichtig ist, keine tödlichen Waffen und Worte zu gebrauchen:

> *Wer ein mutiges Herz hat, weiß sich auch im Leiden zu halten; wenn aber der Mut darniederliegt, wer kann's tragen?*

Ich möchte, daß Sie den letzten Teil dieses Spruches nicht vergessen. Ein Mann oder eine Frau kann Krankheit erdulden, aber eine völlige Entmutigung ist unerträglich. Eine völlige Entmutigung eines Kindes zum Beispiel ist etwas anderes, als den Eigensinn brechen. Man darf ein Kind nicht völlig entmutigen, aber man soll den Eigensinn brechen. Ähnliches gilt in der Ehe. Vers 19 im selben Kapitel der Sprüche zeigt, warum das wichtig ist:

> *Ein gekränkter Bruder* (eine gekränkte Frau, ein gekränkter Mann) *ist abweisender als eine feste Stadt, und Streitigkeiten sind hart wie der Riegel einer Burg.* (Ich habe die Klammern selbst hinzugefügt.)

Sind Sie je von Ihrem Partner verletzt oder völlig entmutigt worden? Ich bin sicher, daß wir alle das manchmal erlebt haben. Zornige Worte, die unüberlegt im Streit von sich gegeben werden, sind tödliche Waffen. Wenn wir statt der Sache die Person angreifen, begeben wir uns in einen tödlichen Bereich. Wenn wir Sachfragen zu Angriffen auf die Person und ihre Motive machen, statt mit der falschen Situation fertigzuwerden, sind wir in Gefahr.

Ein Mann erzählte mir einmal mit Bitterkeit, daß sein Schwiegervater eines Tages verkündigte: »Ich habe sowieso nie etwas von dir gehalten!« Der Mann wird diese Bemerkung bis zu seinem Tod nie vergessen. Nie! Der Schwiegervater gebrauchte bei seinem Schwiegersohn eine tödliche Waffe. Das gilt ebenso für den Ehepartner, der scherzte: »Kein Wunder, daß du einen Bruder im Irrenhaus hast.« Oder: »Ich kann es nicht leiden, wie du aussiehst.« Oder: »Diese Sommersprossen sind einfach furchtbar!« Oder: »Man muß schon zugeben, du bist häßlich. Einfach häßlich.« In einem Augenblick des Zorns werden Sie solche Äußerungen vielleicht wirklich von sich geben, aber sie sind tödlich! Später wird Ihr Partner vielleicht sagen: »Ich verzeihe dir. Alles ist wieder in Ordnung. Ich verstehe schon.« Aber im tiefsten Innern wird das wahrscheinlich nie ganz vergessen. Es ist einfach niederschmetternd. Es zerbricht den inneren Geist, der soviel von dem ausmacht, was eine Ehe ist. Geben Sie acht, daß Ihre Waffen nicht zur Sünde führen. Legen Sie Ihre tödlichen Waffen nieder.

Bevor wir zur nächsten Regel kommen, möchte ich Sie vor Übertreibungen warnen. Versuchen Sie, die Worte »immer« und »nie« ganz aus Ihren Auseinandersetzungen auszumerzen. Sie sind nicht angebracht, weil solche allgemeinen Rügen nicht zutreffen. Niemand tut irgendetwas »nie« oder »immer«.

Streiten Sie sich zur rechten Zeit

Die dritte Regel: *Sie müssen übereinstimmen, daß der Konflikt zur rechten Zeit ausgetragen wird.* Das ist möglich, nachdem Sie sich zu Ehrlichkeit und gegenseitigem Respekt verpflichtet und die tödlichen Waffen niedergelegt haben, so daß der Konflikt nicht außer Kontrolle gerät. Nun sehen Sie sich die Verse 26 – 27 an:

> *Lasset die Sonne nicht über eurem Zorn untergehen und gebet nicht Raum dem Lästerer.*

Das ist ein weiser Ratschlag. Paulus sagt nicht nur, daß wir unseren Zorn nicht Tag um Tag, Nacht um Nacht wachsen lassen sollen, sondern schlägt hier den weisen Gebrauch der Zeit vor. Auseinandersetzungen müssen zur richtigen Zeit, zum richtigen Augenblick stattfinden. Es gibt eine richtige Zeit dafür, und Zeit, in der es nicht richtig ist, Konflikte ausbrechen zu lassen oder lösen zu wollen.

Am wichtigsten ist, daß sie beide das Gefühl haben: Jetzt ist die richtige Zeit, darüber zu sprechen. Und die ist nicht, wenn der Mann von der Arbeit nach Hause kommt, ermüdet von der Last des Tages. Die richtige Zeit ist auch nicht, wenn die Frau vor einem Berg Geschirr steht oder beide müde sind. Es gibt Zeiten, in denen wir nicht dazu bereit sind, tief über ernsthafte und unangenehme Dinge zu reden. Man braucht Weisheit, um den richtigen Augenblick abzuschätzen. Wenn Sie die erste Regel gelernt haben, dann werden Sie ehrlich genug sein und sagen: »Liebling, jetzt ist nicht die richtige Zeit dafür«, oder »Vielleicht sollten wir darüber reden, wenn die Kinder sich schlafen gelegt haben«, oder »Das ist jetzt fehl am Platz. Wir können etwas später darüber reden.« Wenn Sie die Konfrontation verschoben haben, dann aber halten Sie den verabredeten Zeitpunkt auch ein. Planen Sie die Zeit und schieben Sie das Problem nicht dauernd vor sich her.

Oft entwerfen die Partner einer Ehe Schlachtfahnen, die sie schwenken, wenn sie ein Gespräch suchen. Partner mit Einfühlungsvermögen (erinnern Sie sich noch ans letzte Kapitel?) lernen, die Signale zu erkennen. Ein Mann wird plötzlich ganz still. Eine Frau redet am Telefon heftig auf ihren Mann ein und legt den Hörer auf, bevor er seinen Satz beendet hat. Der Mann zeigt vielleicht, daß er keine weitere Irritierung mehr vertragen kann, indem er auf den Verkehr flucht. Vielleicht verliert Ihr Partner den Appetit. Oder er beißt an seinen Fingernägeln. Lernen Sie diese Schlachtfahnen erkennen. Ignorieren Sie sie nicht, sondern bringen Sie ruhig das Thema zur Sprache. Sagen Sie: »Können wir jetzt darüber reden, oder bald? Ich möchte es zur richtigen Zeit tun.« Planen Sie das zusammen.

Seien Sie positiv

Regel 4 (eine meiner Lieblingsregeln): *Haben Sie stets eine positive Lösung parat, nachdem Sie Ihre Kritik vorgetragen haben.* Ich entnehme dieses Prinzip dem 28. Vers. Obwohl Paulus hier vom Diebstahl spricht, können wir dieses Prinzip auf die Ehe anwenden. Zuerst kommt die Kritik: »Wer gestohlen hat, der stehle nicht mehr.« Es besteht gar kein Zweifel, wie er zu dieser Sache steht. »Ich will nicht, daß so etwas geschieht«, sagt er. »Es ist unrecht vor Gott. Es läßt sich überhaupt nicht rechtfertigen. Kein Diebstahl mehr!« Sofort jedoch bietet er eine positive Lösung an:

> *... sondern arbeite und schaffe mit seinen Händen etwas Gutes, auf daß er habe zu geben dem Bedürftigen.*

Nachdem er das Problem des Diebstahls aufgegriffen hat, schlägt er eine gesunde und wertvolle Alternative vor: »Ich laß euch nicht einfach so rumhängen und sage den Dieben, sie sollten nicht mehr stehlen. Das allein nützt gar nichts. Vielmehr werde ich euch erklären, wie ihr dem Problem Abhilfe schaffen könnt.« Ein Ältester in einer Gemeinde, die ich früher besuchte, pflegte zu sagen: »Ich werde in dieser Gemeinde auf keine Kritik hören, wenn der Kritiker zusammen mit seiner Kritik keinen konkreten Vorschlag macht, wie wir das Problem beheben können.« Keine schlechte Idee! Wenn Sie Ihren Partner mit gerechtfertigter Kritik konfrontieren, schlagen Sie gleich eine Lösung vor. Kritik verletzt. Eine positive Bemerkung aber, die konstruktiv der Situation des anderen Rechnung trägt, wird die Kritik weniger verletzend erscheinen lassen.

Oft habe ich in diesem Punkt in meiner eigenen Ehe versagt. Meine Frau hat 12 oder 14 Stunden mit den Kindern zugebracht, und ich komme zur Tür herein und sage: »Du bist sehr nervös, nicht wahr?« Das ist wirklich eine herrliche Art und Weise, einen Abend mit seiner Frau zu beginnen! Oder: »Es ist ja nicht so schlimm. Um elf Uhr wirst du schon mit dem Abwasch fertig sein.« Bald stellte ich fest, daß solche Bemerkungen alles noch schlimmer machen. Es wäre viel besser zu sagen: »Schatz, du mußt wirklich erschöpft sein. Laß mich dir dabei helfen.« Oder:

»Liebling, ich habe gemerkt, wenn die Kinder mich nerven, dann hilft...«

Ein positiver Vorschlag hilft der Person, die bereits niedergeschlagen ist. Paulus sagt dem Dieb nicht nur, daß es verkehrt ist, zu stehlen, sondern er sagt ihm auch, wie er dem Problem Abhilfe schaffen kann. Er sagt: »Gehe arbeiten, damit du die Freude des Gebens kennenlernst, und dann wirst du nicht stehlen wollen.« Vergessen Sie nicht: Verurteilung ohne Hoffnung entmutigt.

Bleiben Sie taktvoll

Regel 5: *Achten Sie auf das, was Sie sagen, und auf Ihren Ton.* Anders ausgedrückt: Bleiben Sie taktvoll. Diese Regel wird wahrscheinlich am schwierigsten einzuhalten sein, weil, wenn wir etwas Wichtiges zu sagen haben, unsere Stimme lauter wird. Wenn wir jedoch leiser reden, sagen wir mehr. Je lauter Sie reden, um so weniger wird Ihr Partner auf das hören, was Sie sagen. Je häßlicher die Worte, desto weniger werden wir verstanden. Paulus erklärt in Vers 29:

> *Lasset kein faul Geschwätz aus eurem Munde gehen...*

»Faul Geschwätz« beinhaltet zweifelsohne den Gebrauch von Schimpfwörtern und häßlichen, verletzenden Worten. Aber Paulus ist barmherzig: Er kritisiert nicht nur. Vielmehr erklärt er aufbauend:

> *... sondern was gut ist und das Nötige fördert, das redet, auf daß es Segen bringe denen, die es hören.*

Sie können ein ehrliches Verhältnis mit Ihrem Partner pflegen, das auf gegenseitigem Respekt beruht und wo beide gewillt sind, aufeinander zu hören. Aber die Bindung ist Takt. In seinem Buch *Kommunikation in der Familie* hat Sven Wahlroos eine ausgezeichnete Beschreibung dessen gegeben, was Takt bedeutet:

> ... Takt bedeutet, daß man einem anderen Menschen in ehrlicher und offener Kommunikation begegnet, während man gleichzeitig Respekt für die Gefühle der anderen Person hat und sich darum bemüht, sie nicht unnötig zu verletzen. Takt setzt ein Vertrauen auf die andere Person voraus und teilt die folgende Botschaft mit: »Ich vertraue darauf, daß du

mit dem, was ich dir zu sagen habe, fertig werden kannst, solange ich deine Gefühle respektiere und alles tue, meine eigenen destruktiven Tendenzen in Schach zu halten, damit ich dich nicht unnötig verletze.«

Das ist eine tiefschürfende Beschreibung. Mit Takt sagen Sie: »Ich vertraue dir, und ich hoffe, daß ich dich mit dem, was ich sage, nicht unnötig verletzen werde.« Wenn Sie das ehrlich sagen, wird das Ihren Partner völlig entwaffnen, es sei denn, es handelt sich um eine wirklich außergewöhnliche Situation, oder Ihre Frau oder Ihr Mann sind ungewöhnliche Menschen.

In der Erfahrung meines eigenen Familienlebens habe ich festgestellt, daß Auseinandersetzungen am produktivsten sind, wenn sie auf dieser Grundlage stattfinden. Wir müssen sagen: »Schau, Liebling, ich stimme mit dir jetzt nicht überein. Ich weiß auch, daß du nicht mit mir übereinstimmst. Was aber immer wir auch von nun an sagen, so wollen wir uns doch darüber im klaren sein, daß wir den andern nicht verletzen wollen. Wir wollen diese Angelegenheit richtig klären.« Und dann geht es los. Takt wirkt Wunder, wenn es darum geht, zu verhindern, daß alle in der Defensive sind.

Streiten Sie sich nur privat

Die sechste Regel für einen guten Streit lautet: *Greifen Sie Ihren Partner nicht in aller Öffentlichkeit an.* Diese Regel stammt aus Vers 31:

> *Alle Bitterkeit und Grimm und Zorn und Geschrei und Lästerung sei ferne von euch samt aller Bosheit.*

Wenn Sie sich öffentlich mit Ihrem Partner streiten, ist das ein Zeichen der Bosheit. Es gibt mindestens zwei verschiedene Arten, in der Sie das tun können. Erstens können Sie Ihren Partner in aller Öffentlichkeit in Verlegenheit bringen. Zweitens können Sie es auch durch subtilen, beißenden Sarkasmus tun. Beides wird Ihren Partner tief verletzen.

In einer Gemeinde, in der ich vor vielen Jahren tätig war, hatte ein Mann große Schwierigkeiten mit seiner willensstarken Frau. Das führte dahin, daß auch er zu einer willensstarken Person wurde (das geschieht häufig), und ihr Zuhause wurde ein explosives Pulverfaß. Eines Sonntagmorgens, als ich darüber gepredigt hatte, wie man als Christ mit seiner Familie leben soll, hielt er sich vor Verzweiflung die Hand vors Gesicht. Er war in seinem Geist vor Gott gebrochen. Er fühlte sich verletzt, weil er erkannt hatte, daß er durch Gebrauch der gleichen aggesssiven Taktiken gesündigt hatte.

Er kam zu mir in den Vorraum der Kirche, in dem sich vielleicht noch 50 andere aufhielten. Manche unterhielten sich, manche versuchten, nach draußen zu kommen, und andere schauten sich ausgestellte Bücher an. Er fing an, mit mir über seine Probleme zu reden, und gestand in ruhigem Ton: »Ich habe diese Woche zu Hause viel Unheil angerichtet. In aller Verlegenheit muß ich zugeben, daß unser Familienleben in Trümmern liegt. Letzten Dienstag erst war ich drauf und dran, einfach abzuhauen.«

In dem Augenblick erschien seine Frau auf der Bildfläche. Sie hatte sein Geständnis und seine Buße nicht mitbekommen, nur den letzten Teil, als er sagte »unser Familienleben ist in Trümmern«. Mit großer Lautstärke sagte sie: »Unsere Familie ist in Trümmern wegen deines schwarzen Herzens!« Im Raum wurde es still. Während er errötete, machte sie ihn mit bösartiger Kritik zur Schnecke. Er war total niedergeschmettert. Ich fühlte mich seinetwegen verlegen, und andere erröteten und verließen den Raum.

Sie nehmen doch nie Ihre schmutzige Wäsche mit zur Kirche, um sie dort zu waschen, oder zu gesellschaftlichen Veranstaltungen. Nein, sie tun die Wäsche dorthin, wo sie hingehört. Das muß auch für die schmutzige Wäsche familiärer Beziehungen gelten, es sei denn, Sie suchen bei einer vertrauenswürdigen Person Ratschlag oder Seelsorge. Kritisieren Sie Ihren Partner nie in der Öffentlichkeit. »Alle Bitterkeit, Grimm, Zorn und Geschrei sei fern von euch!«

Eine andere Art der Kritik ist der *Sarkasmus.* Was für ein grausames Spiel, mit dem Partner in aller Öffentlichkeit zu spielen! Trotzdem ist das eine der Lieblingsmethoden. Vor einigen Jahren traute ich ein liebes Paar, das so sehr gegen Sarkasmus war, daß sie zu ihrem Ehegelöbnis ein Versprechen hinzufügten, auf allen Sarkasmus zu verzichten. Sarkasmus gegen ihre Partner, vor allem in der Öffentlichkeit, ist wirklich nicht fair! Lassen Sie das sein.

Helfen Sie nachher beim Aufräumen

Nun die siebte Regel: Wenn der Krach vorüber ist, helfen Sie beim Aufräumen. Dazu gibt Paulus in Vers 32 drei Vorschläge:

Seid aber miteinander freundlich, herzlich und vergebet einer dem andern, gleichwie Gott euch vergeben hat in Christus.

Freundlichkeit, Herzlichkeit, Vergebung. Im Herzen des Wortes »Freundlichkeit« befindet sich der Begriff der »Gnade«. Erweisen Sie Ihrem Partner gegenüber Gnade, und sehen Sie die Vergangenheit als bereinigt an. »Herzlichkeit« beruht auf »Mitleid«. Seien Sie bereit, die Tränen Ihres Partners zu teilen, wenn er durch den Streit verwundet ist.

Im Herzen der Vergebung ist die Person Jesu Christi, der Ihnen vergeben hat. Der größte Akt der Vergebung fand auf Golgatha statt. Vergeben Sie völlig, wie er es getan hat. Dieses Aufräumen ist sehr wichtig.

Vergessen Sie nie diese sieben Regeln:

1. Verpflichten Sie sich zu Ehrlichkeit und Respekt.
2. Benutzen Sie auf keinen Fall tödliche Waffen.
3. Seien Sie sich über den Zeitpunkt Ihres Streits einig.
4. Schlagen Sie nach der Kritik eine positive Lösung vor.
5. Achten Sie auf Ihre Worte und Ihren Ton.
6. Kritisieren Sie Ihren Partner nicht in aller Öffentlichkeit.
7. Wenn der Krach vorbei ist, helfen Sie beim Aufräumen. Dazu gehören Freundlichkeit, Herzlichkeit und Vergebung.

Das sind die Regeln. Schreiben Sie sie sich auf. Lernen Sie sie auswendig. Diskutieren Sie sie. Aber vor allem — halten Sie sie ein.

Die beste Art, einen Streit zu beenden

Wie beendet man einen Streit? Ganz einfach. Wenn Sie geschlagen sind, geben Sie auf. Es ist bemerkenswert, daß manche Erwachsenen sehr schlechte Verlierer in ehelichen Auseinandersetzungen sind. Das ist höchst kindisch. Sie brauchen nur drei Worte zu sagen: »Du hast recht.« Wenn Sie diese Worte sagen, hört der Streit auf. Versuchen Sie es einmal. Der Mann kommt rein und fängt an, voller Wut auf seine Frau loszureden.

Sie sagen: »Liebling, du hast recht.«

»Was hast du gesagt?«

»Du hast recht.« Geben Sie es einfach zu, und Sie werden sehen, wie sein Ärger davonschmilzt.

Unsere Familie hatte einen kleinen Schnauzer. Einmal gab es beinahe ernsten Krach wegen des Hundes. Er war weiblichen Geschlechts, und es wurde Zeit, ihn in der Garage einzuschließen.

Meine Frau sagte: »Ich meine wirklich, daß Heidi in der Garage bleiben muß, ob es eine Woche oder zwei Wochen lang ist.«

Ich erwiderte: »Ich glaube nicht, daß das der beste Plan ist. Der Hund muß ab und zu nach draußen. Wir dürfen ihm die Freude, draußen frei herumlaufen zu können, nicht ganz nehmen.«

Meine Frau entgegnete: »Das gibt nur Probleme.«

Ich sagte: »Es wird schon alles in Ordnung gehen. Wir passen gut auf sie auf.«

Eines Montags arbeitete ich in der Garage und Heidi vergnügte sich draußen. Ich ging schnell zu einem Eisenwarengeschäft, um etwas zu holen. Als ich zurückkam, bemerkte ich einen schwarzen Hund, der mit zufriedenem Gesicht über die Hintermauer unseres Gartens sprang.

Ich dachte: »Das darf nicht wahr sein!« Dann faßte ich den Beschluß, niemandem etwas davon zu sagen. Ich sagte mir: »Nichts ist passiert. Alles ist in Ordnung. Es war nur eine Einbildung.«

Raten Sie, was dann geschah. Ja, Heidi war schwanger. Ich mußte zu meiner Frau sagen: »Du hattest recht und ich nicht.«

Und wissen Sie, es gab keinen Streit, weil einer von uns gewillt war zu sagen: »Du hattest Recht.« So einfach ist es.

Streiten Sie sich, solange Sie sich an die Regeln halten. Sie werden Ihnen helfen, Ihr Familienleben besser zu gestalten. Sobald Sie geschlagen sind, geben Sie auf! Nur dann wird es mit Ihrer Ehe gut weitergehen.

Die einzige Alternative wäre, Ihr Heim zu einem Boxring zu machen. Darin aber kann man nicht gut leben. Kämpfe gehören in große, rauchgefüllte Hallen, nicht in ein Haus, das den Anspruch erhebt, ein Vorbild der Friedensbotschaft Gottes zu sein.

Wenn Sie sich streiten müssen, dann bitte fair und sauber. Das mindeste, was man verlangen kann, ist, daß Sie sich *gut* streiten!

8 Bis die Schulden uns scheiden

Wie riesige Gaskanister müssen Ehepaare Geld äußerst vorsichtig behandeln. Leider läßt sich unsere finanzielle Situation meistens in vier Worten beschreiben: Schlimme Fehler — hohe Rechnungen.

Zwei junge Erwachsene, die ich vor mehr als fünf Jahren traute (nennen wir sie Peter und Gisela), waren anscheinend ein intelligentes, fleißiges Paar mit mehr als gewöhnlichem gesunden Menschenverstand. In unseren vorehelichen Beratungsstunden sprachen wir über ihre Finanzen. Wie ich das gewöhnlich zu tun pflege, warnte ich sie nicht nur davor, zuviele finanzielle Verpflichtungen auf einmal einzugehen, sondern sprach auch über die Prinzipien, nach denen meine Frau und ich unser Geld einteilen. Peter schien vernünftig über dieses Thema zu denken, und Gisela machte einige Bemerkungen, aus denen ich entnahm, daß sie wußte, wo die Glocken hingen. Ich war überzeugt, daß beide weise mit Geld umgehen würden.

Vor kurzem nahm Gisela mit mir Kontakt auf und sagte, sie wollte mit mir über die wachsende Distanz zwischen ihr und ihrem Mann sprechen. Als sie anfing, mir ihre Geschichte zu erzählen, erkannte ich, daß schlechter Umgang mit Geld eine der Hauptursachen der gestörten Eheharmonie war.

Sie wollten ein Haus — ein neues Haus. Sie fanden ihr »Traumhaus« und stellten fest, daß es ihnen viel kosten würde, um dort einziehen zu können ... und dann monatliche Zahlungen von 2400 DM, mit 13,5 % Zinsen. Dazu planten sie noch, die meisten Räume zu möblieren, Vorhänge für die Fenster zu kaufen und den Garten schön anzupflanzen. Sie wollten auch noch einen Zaun aufstellen und beschlossen, die meisten dieser Dinge selbst zu finanzieren.

Gisela ging zur Arbeit. Peter fügte einen zweiten Job seinem hektischen Zeitplan zu, und außerdem arbeitete er noch an den meisten Wochenenden. Natürlich war er dann nur selten zu Hause. So wurde das schöne Haus, das sie so sehr haben wollten, ein leeres Prachtwerk, wo sie schliefen, sich badeten, anzogen und schnell ein Frühstück herunterwürgten. Peter verließ das Haus um 6 Uhr morgens und kam todmüde um 11 Uhr 30 heim, und das sieben Tage die Woche, zwölf Monate im Jahre. Gisela arbeitete 40 Stunden pro Woche.

Gisela wurde schwanger. Zwei Wochen vor der Geburt kündigte sie ihre Stellung. Der finanzielle Druck verstärkte sich durch das Kind, weil sie nicht mehr arbeiten konnte. Nach 18 Monaten wurde sie erneut schwanger.

Stellen Sie sich das einmal vor. Eine erschöpfte junge Frau mit zwei Säuglingen, ein unheimlich beschäftigter Ehemann und Vater, der nur von 11 Uhr 30 nachts bis 6 Uhr morgens zu Hause ist. Und das schöne Haus, in dem sie nie die Zeit finden, richtig miteinander zu leben. Jeden Monat müssen die Zahlungen geleistet werden. Und eins der Babys ist gerade krank. Wundert es jemanden, daß Gisela und Peter eine wachsende Distanz zwischen sich spüren?

Schlimme Fehler — Hohe Rechnungen — Bankdarlehen...

Ein weitverbreitetes Problem: Schlechter Umgang mit Geld

In der modernen Gesellschaft ereignet sich diese Geschichte tausendfach. Die Zahlen und andere Einzelheiten der Situation sind verschiedene, aber der Druck, unter dem die jungen Familien stehen, ist der gleiche. Ein junger Manager erzählte mir kürzlich, daß er monatlich für sein Haus 4800 DM zahlen muß. Das ist mehr als 50000 DM im Jahr. Kein Wunder, daß auch seine Familie unter finanziellem Druck leidet.

Ein Fachmann hat festgestellt: »Neun von zehn Leuten mit einem regelmäßigen Einkommen sind finanzielle Versager.« Er will damit nicht sagen, daß sie bankrott sind, keinen Kredit mehr bekommen können oder nicht genug verdienen. Er meint vielmehr, daß sie mit ihrem Geld nicht weise umgehen. Es ist keine Frage der Unehrlichkeit oder Mangel an Fleiß, sondern falsches Management der Finanzen.

Um ganz offen zu sein, ich habe persönliche Gründe, auf die Bedeutung, richtig mit Geld umzugehen, in einem Buch über die Ehe ganz besonders hinzuweisen. Ein paar Monate, nachdem wir geheiratet hatten, lebten Cynthia und ich von Bohnen und Maisbrot, mit Maisbrot und Sirup als Nachtisch, vor allem deshalb, weil wir mit einer Investition einen schweren Fehler begangen hatten. Es geschah alles im Jahr 1955. Ich kann mich gut daran erinnern.

Ein Mann, der sich als Börsenmakler vorstellte, war in unsere Gegend gekommen. Viele von uns, die es nicht besser wußten, waren von seinem smarten Auftreten und seinen vielen amtlich aussehenden Dokumenten und Empfehlungsschreiben stark beeindruckt.

Ruhig und überzeugend erklärte er einen Plan, der uns schließlich finanziell unabhängig machen würde — auf der Grundlage einer Investition von 600 Dollar. Die Dividenden würden uns nur so in die Kasse fließen. 600 Dollar schienen uns damals soviel wie heute 15 000 Dollar ... aber wir brachten das Geld irgendwie auf. Kurz darauf verließ der Mann die Stadt. Auf Nimmerwiedersehen.

Das war alles. Der Mann hatte uns betrogen und war abgehauen. Das ganze war ein Schwindel. Einer der Gründe, warum ich kurz danach dem Marinekorps beitrat, war, daß ich das Schießen lernen wollte — im Falle, daß mir dieser Schuft eines Tages über den Weg laufen würde.

Aber etwas Gutes ergab sich aus unserem 600 Dollar-Fehler. Wir lernten, wie wichtig es ist, das Geld gut zu verwalten. Wir lernten durch unser Versagen, wenn wir nicht mit dem Geld, das Gott uns anvertraut hat, weise umgehen, müssen wir einen furchtbaren Preis bezahlen. Schlechter Umgang mit Geld ist, offengesagt, eine Sünde.

Die Rüge der Schrift

Die Bibel ist ein bemerkenswertes Buch. Ich bin stets über ihre Reichweite erstaunt. In Bezug auf Finanzen enthält die Schrift Prinzipien über das Verdienen, Leihen, Sparen, Verschenken und Investieren unseres Geldes. Selbst Gott hält sich an diese Richtlinien — von einigen geheimnisvollen Ausnahmen abgesehen.

Ehepaare, die mit ihrem Geld zurechtkommen wollen, müssen, ich wiederhole, sie müssen den Rat der Schrift suchen. Es gibt auch einige gute Bücher, die es sich zu lesen und danach zu handeln lohnt. Aber vor allem ist das Wort Gottes die wichtigste und zuverlässigste Quelle, der wir uns zuwenden müssen.

Lesen Sie einfach einige Abschnitte zum Thema Geld.

Im Buch der Sprüche finden wir einige passende Verse:

> *Falsche Waage ist dem Herrn ein Greuel; aber ein volles Gewicht ist sein Wohlgefallen.* *(11, 1)*
>
> *Wo man arbeitet, da ist Gewinn; wo man aber nur mit Worten umgeht, da ist Mangel.* *(14, 23)*
>
> *Wer unrechtem Gewinn nachgeht, zerstört sein Haus, wer aber Bestechung haßt, der wird leben.* *(15, 27)*
>
> *Der Reiche herrscht über die Armen; und wer borgt, ist des Gläubigers Knecht.* *(22, 7)*
>
> *Bemühe dich nicht, reich zu werden; da spare deine Klug-*

heit! Du richtest deine Augen auf Reichtum, und er ist nicht mehr da; denn er macht sich Flügel wie Adler und fliegt gen Himmel. *(23, 4 – 5)*

Auf deine Schafe hab acht und nimm dich deiner Herden an; denn Vorräte währen nicht ewig, und auch eine Krone währt nicht für und für. *(27, 23 – 24)*

Salomo schrieb fernerhin:

Wer Geld liebt, wird vom Geld niemals satt, und wer Reichtum liebt, wird keinen Nutzen davon haben. Das ist auch eitel. *(Prediger 5, 9)*

Jesus sprach die folgenden, wohlvertrauten Worte:

Da gingen die Pharisäer hin und hielten einen Rat, wie sie ihn fingen in seiner Rede, und sandten zu ihm ihre Jünger samt des Herodes Leuten. Die sprachen: Meister, wir wissen, daß du wahrhaftig bist und lehrst den Weg Gottes recht und fragst nach niemand; denn du achtest nicht das Ansehen der Menschen. Darum sage uns, was meinst du: Ist's recht, daß man dem Kaiser Steuer zahle oder nicht? Da nun Jesus merkte ihre Bosheit, sprach er: Ihr Heuchler, was versuchet ihr mich? Weiset mir die Steuermünze! Und sie reichten ihm einen Groschen dar. Und er sprach zu ihnen: Wes ist das Bild und die Aufschrift? Sie sprachen zu ihm: Des Kaisers. Da sprach er zu ihnen: So gebet dem Kaiser, was des Kaisers ist, und Gott, was Gottes ist! Da sie das hörten, verwunderten sie sich und ließen ihn und gingen davon. *(Matthäus 22, 15 – 22)*

Und Paulus fügte hinzu:

Derhalben gebet ihr ja auch Steuer; denn sie sind Gottes Diener, auf solchen Dienst beständig bedacht. So gebet nun jedermann, was ihr schuldig seid: Steuer, dem die Steuer gebührt; Zoll, dem der Zoll gebührt; Furcht, dem die Furcht gebührt; Ehre, dem die Ehre gebührt. Seid niemand etwas schuldig, außer daß ihr euch untereinander liebet; denn wer den andern liebt, der hat das Gesetz erfüllt. *(Römer 13, 6 – 8)*

und:

Ich meine aber das: Wer da kärglich sät, der wird auch kärglich ernten; und wer da sät im Segen, der wird auch ernten im Segen. Ein jeglicher nach dem Willen seines Herzens, nicht mit Unwillen oder aus Zwang; denn einen fröhlichen Geber hat Gott lieb. Gott aber kann machen, daß alle Gnade unter euch reichlich sei, damit ihr in allen Dingen allewege volle Genüge habt und noch reich seid zu jedem guten Werk. *(2. Korinther 9, 6–8)*

Und schließlich:

Wenn wir aber Nahrung und Kleider haben, so lasset uns genügen. Denn die da reich werden wollen, die fallen in Versuchung und Stricke und viel törichte und schädliche Lüste, welche die Menschen versinken lassen in Verderben und Verdammnis. Denn Habgier ist eine Wurzel alles Übels; wie etliche gelüstet hat und sind vom Glauben abgeirrt und machen sich selbst viel Schmerzen.
Den Reichen in dieser Welt gebiete, daß sie nicht stolz seien, auch nicht hoffen auf den ungewissen Reichtum, sondern auf Gott, der uns alles reichlich darbietet, es zu genießen; daß sie Gutes tun, reich werden an guten Werken, gerne geben, behilflich seien, sich selbst einen guten Grund legen aufs Zukünftige, auf daß sie ergreifen das wahre Leben.
(1. Timotheus 6, 8–10, 17–19)

Sieben falsche Haltungen

Wenn ich tief über diese Aussagen in Gottes Buch nachdenke und das mit den Haltungen vergleiche, die ich bei vielen Ehepaaren vorgefunden habe, mit denen ich gesprochen habe, so stelle ich einen großen Gegensatz fest! Ich glaube, daß sich in christlichen Familien oft die folgenden sieben Haltungen finden lassen:

1. Dieser Teil des Geldes gehört Gott; der Rest gehört mir.
2. Gott interessiert sich eigentlich nicht für Dinge »der Welt«.
3. Wir wollen nicht fanatisch werden. Gott hat nur mit der Gemeinde etwas zu tun.
4. Finanzieller Wohlstand ist dubios — Profitmachen ist ungeistlich.
5. Wenig zu haben ist geistlicher als viel zu haben.

6. Mach' dir keine Sorgen, irgendwann ziehen wir schon das große Los.
7. Gott ist nicht fair! Die Reichen werden reicher und die Armen ärmer.

Alle sieben sind falsch.

Keine dieser Haltungen lassen sich von der Schrift her rechtfertigen. Eine Ehe, die auf der Grundlage einer oder mehrerer dieser Ansichten wirtschaftet, muß mit Problemen rechnen — zumindest jedoch wird es ihr nicht so gut gehen, wie Gott es eigentlich gedacht hat.

Ein relevantes Gleichnis für unsere Zeit

Vor einigen Jahren öffnete Gott mir die Augen in Bezug auf einen Abschnitt in Lukas 19, der mir wirklich geholfen hat, die Verwaltung meines Geldes so zu sehen, wie er sie sieht. Dieser Passus ist ein Gleichnis, das Jesus in Bezug auf eine prophetische Frage erzählte, auf die ich hier nicht näher eingehen will. Mich interessieren hier nur die Erkenntnisse in Bezug auf den Umgang mit Geld. Wie wir sehen werden, ergeben sich aus diesem Gleichnis vier Tatsachen, die die verkehrten Haltungen, die wir gerade aufgezählt haben, korrigieren.

Der Passus, den ich meine, ist Lukas 19, 11 – 26. Um die Situation zu verstehen, lesen wir erst einmal die Verse 11 – 13.

> *Da sie nun zuhörten, sagte er weiter ein Gleichnis, darum daß er nahe bei Jerusalem war und sie meinten, das Reich Gottes werde sogleich offenbar werden, und sprach: Ein Edler zog ferne in ein Land, daß er das Königtum erlangte und dann wiederkäme. Der ließ zehn seiner Knechte rufen und gab ihnen zehn Pfund und sprach zu ihnen: Handelt damit, bis ich wiederkomme!*

Offensichtlich dachte Jesus daran, daß er die Erde verlassen und einst wiederkommen würde. Dieser prophetische Gedanke tritt überall in diesem Gleichnis auf. Er ist der »Edle«, und die Diener, über die wir im folgenden noch lesen werden, sind seine Nachfolger, Leute wie Sie und ich. Soviel zur Prophetie — konzentrieren wir uns jetzt aufs Praktische.

Die Verwaltung von Gottes Geld

> *Der ließ zehn seiner Knechte rufen und gab ihnen zehn Pfund und sprach zu ihnen: Handelt damit, bis daß ich wiederkomme!* *(V. 13)*

Hier ist die erste Tatsache, die die erste der genannten falschen Haltungen widerlegt:

Alles was wir haben kommt von Gott.

Dieser Vers stellt fest, daß er ihnen all ihr Geld gab. Ein »Pfund« entsprach etwa einem Lohn von drei Monaten. Als Knecht hatten sie außer dem, was der Edle ihnen gab, keinen eigenen Besitz. Nichts. Knechte waren damals von ihren Herren total abhängig.

Sie und ich sind beide in der gleichen Position. Es ist verkehrt zu denken, daß unser Geld aus unserem Einkommen minus dem Teil, der Gott gehört, besteht. Auf gar keinen Fall! Alles, was wir haben, von den Münzen in unseren Taschen bis zu den Ersparnissen auf der Bank gehört ihm. In Wirklichkeit »gehört« dem Christen überhaupt nichts. Er verwaltet lediglich Gottes Geld. Was uns anvertraut ist, stammt aus Gottes Hand. Das ist eine grundlegende Erkenntnis.

Sie werden nie zu einem richtigen (biblischen) Verständnis des Geldes kommen, bis Sie diese grundlegende Tatsache begriffen haben.

Kein Unterschied zwischen »weltlich« und »geistlich«

Zurück zu unserer Geschichte. Nachdem er jedem Knecht die gleiche Geldsumme gegeben hatte, sagte er zu ihnen: »Handelt damit, bis daß ich wiederkomme.« Das griechische Verb ist *pragmateuomai,* aus dem das Wort »pragmatisch« abgeleitet ist. Das Gebot ist praktisch und pragmatisch: »Handelt, bis ich wiederkomme.«

Zweite Tatsache: In Gottes Augen gibt es keinen Unterschied zwischen »weltlich« und »geistlich«.

Es ist völlig verkehrt zu denken, daß Ihr Geschäftsleben (das, was sich außerhalb des Gemeindelebens abspielt) Gott nur wenig oder überhaupt nicht interessiert. Wenn der Herr sagt »handelt«, so beschränkt er sich nicht auf bestimmte Bereiche. Alles »handeln« ist für den Herrn von höchstem Interesse.

Sie handeln weise, wenn Sie dem Herrn und seinem Dienst alles widmen, was sie tun. Wenn Sie ein Lehrer sind, sind Sie ein »ordinierter Lehrer« (d.h. dem Herrn gewidmeter Lehrer). Wenn Sie den Haushalt führen, tun Sie die Arbeit des Herrn. Wenn Sie daran denken, Geld zu investieren, sollten Sie es als an eine »dem Herrn gewidmete Investition« betrachten.

Warum? Weil es sein Geld ist. Und Sie handeln damit in seinem Auftrag. Der Herr interessiert sich sehr dafür, wie wir mit seinem Geld handeln, wie wir es einteilen, planen, ausgeben und sparen. Wir müssen in unserer Buchhaltung genauso geschickt sein wie beim Predigen und Lehren des Wortes. Er interessiert sich genauso dafür, wie wir im privaten Geschäft mit Geld verfahren, ebenso wie wir mit seinem Wort umgehen. Zwischen »weltlich« und »geistlich« gibt es keinen Unterschied. Vergessen Sie das nicht!

Gottes Geschäftsmethoden

Lesen wir weiter:

> *Seine Bürger aber waren ihm feind und schickten Botschaft ihm nach und ließen sagen: Wir wollen nicht, daß dieser über uns herrsche.* *(V. 14)*

Tatsache drei ist unbestreitbar:

Gottes Art der Geschäftsführung ist der des Menschen entgegengesetzt.

Die Bürger, von denen hier die Rede ist, dürfen nicht mit seinen Knechten verwechselt werden. Sie repräsentieren die uns allen angeborene Weltlichkeit — jener Teil von uns, der sich nach selbstsüchtiger Befriedigung sehnt, der uns dazu drängt, das zu tun, was wir wollen, so wie wir es wollen.

In diesem Gleichnis sagten diese Bürger, daß sie seine Herrschaft ablehnten. »Wir hassen ihn — wir nehmen ihm den Versuch übel, diesen Teil unseres Lebens zu kontrollieren. Das ist unsere eigene Angelegenheit!«

Kommt Ihnen das bekannt vor? Vielleicht beschreibt das Ihre Gefühle. Sie können dieses Buch ganz durchlesen und intellektuell mit allen dargestellten Prinzipien übereinstimmen. Aber tief in Ihrer Seele, wo sich die eigentlichen Motive für Ihre Entscheidungen befinden, haben Sie es nicht wirklich vor, Ihre gegenwärtigen bequemen Gewohnheiten zu ändern. Sie wollen nicht, daß er Ihr König ist und über Sie herrscht. Sie wollen vom Leben soviel wie möglich haben. Ich möchte ganz offen mit Ihnen reden. Das ist Rebellion! Sie widersetzen sich dem Herrn. Sie lassen das Fleisch in Ihrem Leben herrschen. Und ich kann Ihnen versichern, daß sich in Ihrer Ehe nichts bessern wird, bis Sie sich ihm unterwerfen.

Als er zurückkehrt, fragt der Edle seine Knechte: »Wie ist es gelaufen?« Sehen Sie sich Vers 15 an:

> *Und es begab sich, da er wiederkam, nachdem er das Königtum erlangt hatte, hieß er dieselben Knechte rufen, welchen er das Geld gegeben hatte, daß er erführe, was ein jeglicher erhandelt hätte.* *(V. 15)*

Worum kümmerte sich der Edle? Um das Geschäft! Er interessierte sich nicht für Unterschiede oder Streitigkeiten in Teilen des Landes. Er wollte wissen: »Wie ist das Geschäft gelaufen? Seid ihr weise mit dem Geld umgegangen?« Sehen Sie sich in Vers 16 die Antwort an:

> *Da trat herzu der erste und sprach: Herr, dein Pfund hat zehn Pfund erworben.* *(V. 16)*

Unterstreichen Sie das Wort »dein«. Nicht »mein« Pfund, Herr, sondern deins. »Herr, dein Gehalt hat uns das gegeben. Deine finanzielle Fürsorge hat uns das als Familie ermöglicht. Herr, dein Geld hat es mir so gut gehen lassen, und jetzt stehe ich vor dir, mit meiner Abrechnung von deinem Geld.«

> *Und er sprach zu ihm: Ei, du frommer Knecht, weil du bist im Geringsten treu gewesen, sollst du Macht haben über zehn Städte.*

Was für eine großartige Belohnung!

Wie wir Gott mit dem Umgang unseres Geldes gefallen

> *Der zweite kam und sprach: Herr, dein Pfund hat fünf Pfund getragen.* *(V. 18)*

Ein Pfund war etwa 50 DM wert. Durch weise Investition hatte er aus 50 DM 250 DM gemacht. Deshalb erhielt er eine weitere Belohnung: Er durfte fünf Städte verwalten.

Der Herr freute sich über die Initiative des Knechts, woraus sich eine vierte Tatsache ergibt:

Weiser Umgang mit Geld gefällt dem Herrn.

Manche »supergeistliche« Christen verbreiten Gerüchte, daß finanzieller Erfolg etwas Anstößiges ist. Sie behaupten, Profit sei etwas Ungeistliches. Ich kann dafür keine biblische Grundlage finden. Zweifelsohne, wie wir unsere Gewinne gebrauchen, ist wichtig, aber Gewinne sind nicht prinzipiell ungeistlich. Dieser Edle kam zurück und fragte: »Was hast du gemacht?«

»Ich habe mehr verdient, als du mir gegeben hast.«

»Wunderbar. Zehn Städte sollst du haben.«

Es scheint mir offensichtlich zu sein, daß er sich über den Gewinn freute.

Wir müssen vorsichtig mit unserer Einstellung zum Profit sein. Wir sollen nicht Vermögen für uns selbst aufhäufen, die wir behalten, uns ansehen, leben und selbstsüchtig genießen. Wir haben in diesem Kapitel bereits Warnungen von Salomo und Paulus zitiert.

Vielmehr sollte uns ein Vermögen zufallen, müssen wir gewillt sein, es an andere weiterzugeben. Das ist der wesentliche Unterschied. Der selbstsüchtige Mann erlangt ein Vermögen, um es zu behalten. Der wiedergeborene Mensch erhält es, damit er denen helfen kann, die in Not sind, ... und es weise in vielen Bereichen investieren kann.

Ich habe es mein ganzes Leben lang gesagt, und ich bin jetzt mehr denn je davon überzeugt, daß die glücklichsten Menschen auf Erden die sind, die geben, und nicht die, die behalten. Der Mann, der ein Pfund erhielt und durch weises Management das Zehnfache verdiente, gefiel seinem Herrn, und der Edle belohnte ihn. Würde Gott sich uns gegenüber nicht genauso verhalten?

Schlechter Umgang mit Geld mißfällt Gott

Noch ein Knecht muß über das Ergebnis seines Geschäfts berichten:

> *Und der dritte kam auch und sprach: Herr, siehe da, hier ist dein Pfund, welches ich habe im Schweißtuch behalten; ich fürchtete mich vor dir, denn du bist ein harter Mann; du nimmst, was du nicht hingelegt hast, und erntest, was du nicht gesät hast. Er sprach zu ihm: Aus deinem Mund richte ich dich, du böser Knecht.* *(V. 20–22)*

Einen Augenblick, Edelmann! Er hat das Geld nicht veruntreut. Das Geld ist immer noch da. Derjenige, der mit 50 Mark anfing, hat am Ende immer noch 50 Mark. Aber der Herr sagt: »Das ist nicht weise.« Mit anderen Worten: »Es gefällt mir nicht, daß du nichts weiter mit dem Geld angefangen hast. Ich erwartete von dir, es irgendwie zu investieren, damit sein Wert zunimmt.«

Der Mann hatte seine Entschuldigung parat: »Ich hatte Angst vor dir, Herr.« Aber diese Entschuldigung taugte nichts.

Von diesem Knecht lernen wir die fünfte Tatsache:

Schlechter Umgang mit Geld mißfällt dem Herrn.

Das widerlegt die weitverbreitete Meinung, daß wenig zu besitzen geistlicher ist als viel zu besitzen. Wo findet man diesen Gedanken in der Bibel? Oder den Gedanken, daß Gott die Armen mehr liebt als die Reichen? Ich glaube das nicht. Der Besitz von Reichtum bringt Versuchungen mit sich, mit denen Arme sich nicht auseinandersetzen müssen. Aber nirgendwo in der Schrift kann ich den Gedanken finden, daß finanziell wohlhabend zu sein etwas Ungeistliches ist.

Planen Sie Ihre Investitionen sorgfältig

Beachten Sie, was der Edle erwidert:

> *... warum hat du denn mein Geld nicht in die Wechselbank gegeben? Und wenn ich gekommen wäre, hätte ich's mit Zinsen gefordert.* *(V. 23)*

Das ist eine gute Frage, nicht wahr? Der Herr bietet uns eine Alternative zum völligen Nichtstun, die ziemlich risikofrei ist: Das Geld auf der Bank anzulegen, damit es Zinsen verdient. Daraus ergibt sich die sechste Tatsache:

Guter Geldumgang und sorgfältiges Planen gehen Hand in Hand. Ein Investitionsplan erfordert Disziplin. Und Disziplin ohne einen Plan führt zu Frustration. Sie gehören zusammen.

Das bedeutet, daß wir nicht einfach den Kopf in den Sand stecken können und darauf hoffen, daß irgendwie alles gut gehen wird. Wir können nicht unsere Augen schließen und alles mit Kreditkarte bezahlen. Lesen Sie diesen Satz noch einmal!

Ich bin übrigens nicht prinzipiell gegen Kredit. Unsere Wirtschaft könnte ohne Kredit nicht funktionieren. Ich bin kein Wirtschaftsfachmann, aber der Zinsfaktor wirkt zu unserem Vorteil, solange alles unser Kontrolle bleibt. Ich bin vor allem über die weitverbreitete Gewohnheit junger Paare besorgt, viel zu viel Geld auszugeben und immer höhere Schuldenberge aufzutürmen, was zu einem Bruch ihrer Beziehung führen kann und einen Mangel an Disziplin offenbart. Hier sagt der Herr: »Zumindest hättet ihr das Geld auf die Bank bringen können, damit es Zinsen verdient.«

Verlieren und Lernen

Jetzt sehen Sie sich einmal sorgfältig die folgenden Verse an:

> *Und er sprach zu denen, die dabeistanden: Nehmet das Pfund von ihm und gebet's dem, der zehn Pfund hat. Und sie sprachen zu ihm: Herr, er hat doch schon zehn Pfund.*
> *(V. 24–25)*

Ist das fair? Er gibt es demjenigen, der bereits schon eine ganze Menge hat! Aber der Herr sagt:

> *Ich sage euch aber: Wer da hat, dem wird gegeben werden; von dem aber, der nicht hat, wird auch das genommen werden, was er hat.* *(V. 26)*

Ich glaube, daß wir daraus entnehmen können, daß Gott weisen Umgang mit Geld segnet, und daß schlechter Umgang zu immer größeren Schwierigkeiten und geringerem Verdienst führt. Die siebte Tatsache ist die schwierigste:

Verluste und Gewinne enthalten ewige Lektionen!

Unser Problem besteht darin, daß wir unsere Lektion nicht lernen, wenn wir Gewinn oder Verlust machen. Wir leben in einer Art geistlicher Traumwelt und meinen, daß irgendwie, auf wundersame Art und Weise, uns letztlich alles in den Schoß fällt. Aber Gott hat Gesetze und Prinzipien niedergelegt, wonach wir leben müssen, und dazu gehört ausgeben, kaufen, leihen, sparen und investieren.

Vom Taschengeld zur Pension

Das Buch der Sprüche enthält verschiedene Aussagen über die Weisheit des fleißigen Mannes. Viele dieser Sprüche deuten auf weisen Umgang mit Geld hin. Der disziplinierte, fleißige Mann wird gesegnet werden. Wem es an Fleiß mangelt, der wird zum

Sklaven des Geldverleihers. (Schlagen Sie noch einmal Sprüche 22, 7 nach.) Das gilt für uns in der Lebenszeit, wenn wir am wenigsten Geld verdienen, und auch dann, wenn wir auf dem Höhepunkt des Verdienstes stehen. Unser Verdienst läßt sich graphisch als ein Halbkreis darstellen: Er ist niedrig, wenn wir zwanzig bis dreißig Jahre alt sind, wächst dann zu einem Höhepunkt in unseren mittleren Jahren an und geht zur Zeit unserer Pensionierung wieder zurück.

Nennen wir die erste Periode unserer Verdienstkurve die »Lernzeit«. Eines der größten Versäumnisse unserer Gesellschaft besteht darin, daß Eltern ihren Kindern nicht richtig beibringen, wie man mit Geld umgeht. Vielleicht erzählen die Eltern ihren Kindern ein paar wichtige Dinge, die sie gelernt haben (glauben Sie mir, meine Kinder haben oft genug die Geschichte von der »Investition« gehört), aber sie trainieren ihre Kinder nicht sehr gut in finanzieller Planung.

Unser Verdienst geht wieder zurück, wenn wir 60 Jahre alt oder älter sind. Wir können das die Zeit der »Sehnsucht« nennen.

In den mittleren Lebensjahren, im Alter von 30 bis 60, erreichen wir den Höhepunkt. Das ist unsere »Zeit des Verdienstes«. Rechnen Sie sich aus, wieviel Jahre Sie als Eltern noch haben, um weise für Ihre Familie planen zu können. Wenn Sie 20 sind, haben Sie noch 40 Jahre. Wenn Sie 30 sind, gerade zu dem Zeitpunkt, wo Sie in die höhere Einkommenstufe aufrücken, haben Sie nur noch 30 Jahre. Sind Sie 40, bleiben Ihnen noch 20 Jahre. Wenn Sie 50 sind, haben Sie noch (mehr oder weniger) 10 Jahre, um Ihre Investitionen zu planen.

Nur der Herr weiß, wie sehr wir bereits im Alter von 45 oder 50 erstarrt sind, und wie schwierig es deshalb für uns ist, in diesem Alter unsere Art und Weise, mit Geld umzugehen und unsere Finanzen zu planen, neu zu durchdenken. Sie haben keine Ewigkeit vor sich, um diese Dinge zu planen. Alles erscheint furchtbar geistlich, bis plötzlich der Mann stirbt und eine Witwe mit Kindern hinterläßt, ohne finanzielle Unterstützung. Wenn sie so plötzlich mit der Realität konfrontiert wird, wird es ihr mit einem Male klar, daß sie hätten planen sollen. Als ein Pastor, der oft den Sterbenden und Trauernden dient, sehe ich so etwas häufig.

Die Bibel und Planung der Finanzen

Ich finde in der Schrift vier Prinzipien der finanziellen Planung. Das erste ist in Matthäus 22, 15 – 22 enthalten:

Da gingen die Pharisäer hin und hielten einen Rat, wie sie ihn fingen in seiner Rede, und sandten zu ihm ihre Jünger samt des Herodes Leuten. Die sprachen: Meister, wir wissen, daß du wahrhaftig bist und lehrst den Weg Gottes recht und fragst nach niemand; denn du achtest nicht das Ansehen der Menschen. Darum sage uns, was meinst du: Ist's recht, daß man dem Kaiser Steuer zahle oder nicht? Da nun Jesus merkte ihre Bosheit, sprach er: Ihr Heuchler, was versuchet ihr mich? Weiset mir die Steuermünze! Und sie reichten ihm einen Groschen dar. *(V. 15 – 19)*

Der kleine Groschen, den sie ihm vors Gesicht hielten, war kleiner als ein Fünfzigpfennigstück; sein Wert allerdings betrug einen durchschnittlichen Tageslohn. Jesus sah sich die Münze an und sagte: »Wessen Bild und Inschrift ist das?« Was war auf die Münze geprägt?

Sie sprachen zu ihm: Des Kaisers. Da sprach er zu ihnen: So gebet dem Kaiser, was des Kaisers ist, und Gott, was Gottes ist! *(V. 21)*

Bezahlen Sie Ihre Steuern, wenn Sie von dem Staat Nutzen ziehen, aber geben Sie Gott das, was ihm zusteht. Eine einfache Antwort. Beschäftigen wir uns etwas näher mit dem, was das bedeutet.

Steuern und der Zehnte

Es ist interessant, daß dieser Passus stets zitiert wird, um zu zeigen, daß man seine Steuern bezahlen soll. Selten wird der andere Teil des Verses betont, daß man Gott geben soll, was ihm zusteht. Wir leben und sterben mit dem Witz, daß nichts im Leben gewiß ist, außer Steuern und dem Tod. Aber es gibt doch noch etwas anderes: Das, was Gott gehört! »Gebet ... Gott« heißt es hier, was eigentlich »zurückzahlen« heißt. Das griechische Verb bedeutet »zurückgeben«. Erinnern Sie sich an den Grundsatz: Alles, was wir haben, gehört ihm. Genauso wie wir Steuern zahlen müssen, und genauso wie wir sterben müssen, müssen wir auch dem Herrn seinen Anteil geben.

Das erste Prinzip lautet: *Christus und der Kaiser sind für uns eine Pflicht und nicht umsonst zu haben.* Sie können nicht sehr lange auf dieser Welt leben, ohne Steuern zu zahlen. Wenn Sie versuchen, sie zu ignorieren, werden Sie eines Tages von ihnen eingeholt. Das gleiche gilt für den Anteil, den Sie dem Herrn schulden. Wenn Sie einer Gemeinde angehören und damit für Ihre Familie oder Ihr eigenes Leben einen großen Nutzen ziehen, sollte der größte Teil Ihres Beitrags der Gemeinde zugute kommen.

Manche Leute geben wie sie einen Kuchen servieren: Sie teilen ihre Spenden in viele verschiedene Teile, und die Gemeinde bekommt letztlich ein kleines Stück. Einige zusätzliche Spenden sind sicherlich richtig, sonst könnten viele Missionswerke nicht existieren. Was mich bekümmert, ist die Einstellung, die viele Leute zu Ihrer Spende für die Gemeinde haben, als handele es sich um etwas Freiwilliges, ohne jedes Bewußtsein, daß sie der Gemeinde dieses Geld schulden.

Wir halten Steuern nie für etwas Freiwilliges; der Kaiser bekommt seinen Anteil. Aber Christus muß auch seinen Anteil bekommen, und wir sollen das mit einplanen. Sorgfältig. Gründlich. Beständig. Und doch geschieht es oft, wenn die Kollekte an uns vorübergeht, daß wir einfach in unsere Tasche greifen und irgendetwas hineinfallen lassen. Dabei kenne ich Männer, die tagelang darüber nachdenken, wie sie ihre Steuern reduzieren können.

Wie wir Gott Geld geben, muß auch geplant werden. Schließlich soll er den ersten Platz in unserem Leben einnehmen (Kolosser 1, 18). Der Nutzen und Segen, der sich daraus ergeben kann, ist unglaublich und kann nie zurückgezahlt werden. Christliches Ehepaar — gebt Gott seinen Teil!

Große Schuldenberge

Das zweite Prinzip stammt aus Römer 13, 6–8, ein Abschnitt, mit dem ich lange gerungen habe.

> *Derhalben gebet ihr ja auch Steuer; denn sie sind Gottes Diener, auf solchen Dienst beständig bedacht. So gebet nun jedermann, was ihr schuldig seid: Steuer, dem die Steuer gebührt; Zoll, dem der Zoll gebührt; Furcht, dem die Furcht gebührt; Ehre, dem die Ehre gebührt. Seid niemand etwas schuldig, außer daß ihr euch untereinander liebet; denn wer den andern liebt, der hat das Gesetz erfüllt.*

Ich habe Schulden, genauso wie Sie, und doch heißt es in Vers 8, daß wir niemandem etwas schuldig sein sollen, außer ihn zu lieben. Manchmal bin ich versucht gewesen, unseren Gläubigern einen Brief zu schicken: »Ich liebe Sie.« Ohne beigefügte Zahlung.

Irgendwie aber ist es mir doch klar, daß sie meine Liebeserklärung nicht als Ersatz akzeptieren würden.

»Seid niemand etwas schuldig, außer daß ihr euch untereinander liebet.« Was heißt das? Ist es falsch, wenn ein Ehepaar sich Geld leiht, um ein Haus zu kaufen oder sonst eine höhere Ausgabe machen zu können? Oder einige kleinere Darlehen aufzunehmen? Als das theologische Seminar in Dallas sich mit Erweiterungsplänen befaßte, befragte ich den Präsidenten des Seminars, Dr. John F. Walvoord über diesen Punkt. Seine Antwort war sehr weise.

»Wenn Sie sich den Vers genau ansehen«, sagte der Theologe, »werden Sie feststellen, daß es sich um einen Imperativ Präsens handelt. Deshalb bedeutet es: Fahrt nicht fort, schuldig zu sein.«

Mit anderen Worten, lassen Sie nicht riesige Schuldenberge wachsen. Bezahlen Sie Ihre Schulden, und schieben Sie Ihre Schulden nicht vor sich her. Daraus ergibt sich das zweite Prinzip:

> Kaufen und leihen muß in strengen Grenzen und so kurzfristig wie möglich gehalten werden.

Bei nichts muß man so vorsichtig sein wie beim Kaufen auf Kredit. In meiner vorehelichen Seelsorge mit den erwähnten Ehepaaren befaßte sich eine unserer Sitzungen mit der Gefahr, daß man sich zuviel Schulden auflädt. Manche Paare häufen mit teuren Plänen die Rechnungen auf. Bald finden sie sich in der Situation, daß sie viele Tausende von Mark zurückzahlen müssen. Die einzige Lösung ist, sich einzuschränken und so kurzfristig wie möglich zu leihen.

»Sparen« statt »Träumen«.

Das dritte Prinzip besagt, daß *Sparen und Sicherheit auf Planung und nicht auf Träumen beruhen.* In Sprüche 14, 23 lesen wir:

> *Wo man arbeitet, da ist Gewinn; wo man aber nur mit Worten umgeht, da ist Mangel.*

Wenn Sie auf einem Sparkonto Geld für Investitionen ansammeln wollen, dann müssen Sie das genau planen und nicht nur davon träumen. Ein Plan wird nie Wirklichkeit, wenn er nicht in die Tat umgesetzt wird.

Ihr Bruttoeinkommen steht ganz oben. Von dem Bruttoeinkommen entnehmen Sie zuerst das, was Sie dem Herrn geben, dann kommen die pflichtigen Steuern. Was dann noch bleibt, nenne ich das »verfügbare Geld«. Aus dem verfügbaren Geld berechnen Sie 10 % für Ersparnisse und Investitionen, 70 % für ständige Ausgaben und 20 % für Schulden und einen Sicherheitsfond, der Sie gegen unerwartete Ausgaben schützt.

Vielleicht sollten Sie sich finanzielle Ratschläge holen von jemanden, vor dem Sie hohen Respekt haben. Gehen Sie zu Leuten mit Integrität, die Fachleute in punkto Geld und Investition sind. Sie werden weise handeln, indem Sie ihren Ratschlag suchen, denn Umgang mit Geld erfordert intelligentes Planen und nicht hoffnungsvolles Träumen.

Wieviel ist zuviel?

Das vierte und letzte Prinzip finanziellen Planens lautet:

Dinge und Schätze sind zeitlich, und nicht ewig.

Paulus schrieb an Timotheus:

> *Wenn wir aber Nahrung und Kleidung haben, so lasset uns genügen.* *(1. Tim. 6, 8)*

Mit Nahrung und Kleidung sollten wir uns begnügen. Leider ist das oft nicht der Fall. Wir meinen, unsere Schätze werden uns ewig dauern, und wir wollen immer mehr anhäufen.

> *Denn die da reich werden wollen, die fallen in Versuchung und Stricke und viel törichte und schädliche Lüste, welche die Menschen versinken lassen in Verderben und Verdammnis. Denn Habsucht ist eine Wurzel alles Übels; wie etliche gelüstet hat und sind vom Glauben abgeirrt und machen sich selbst viel Schmerzen.* *(1. Tim. 6, 9 – 10)*

Geld ist nicht böse, sondern das Geld zu lieben — die Anbetung der Münze.

Wiedergeborene wohlhabende Menschen, deren Herzen recht sind, sollen großzügig und ihren Reichtum zu teilen bereit sein:

> *... sich selbst einen guten Grund legen aufs Zukünftige, auf daß sie ergreifen das wahre Leben.* *(1. Tim. 6, 19)*

Der Mann, die Frau, das Ehepaar, die ständig nur an Geld, Geld und noch mehr Geld denken, haben versäumt, was es eigentlich heißt, zu leben.

Das ist alles, was ich zu diesem Thema sagen will. Sicher gibt es hier viel Stoff zum Nachdenken. Wenn wir das versäumen, leiden unsere Ehen darunter. Viele von ihnen werden sogar völlig versagen.

Ich wünschte, daß mich jemand vor 25 Jahren beiseite genommen und mir geholfen hätte, mit diesen Dingen zurechtzukommen. Das ist vielleicht der Grund, warum ich ein so langes Kapitel über dieses Thema geschrieben habe, um Ihnen alle die Kämpfe zu ersparen, die ich selbst habe durchmachen müssen.

Jetzt, da ich mich im Umgang mit Geld auf biblische Prinzipien stützen kann, macht mir das Thema Geld keine Angst mehr. Leider ist es so, daß die Schulden viele Ehepaare lange vor dem Tod scheiden werden.

Es braucht nicht so zu sein.

9 Scheidung: Wenn alles in Scherben bricht

Bis jetzt war es angenehm, dieses Buch zu schreiben.

Wir haben den Architekten des Heims befragt und fanden seinen Plan, durch den alles zusammengefügt werden kann. Wir haben das Fundament gelegt, indem wir uns neu auf jenen großartigen Abschnitt im 1. Buch Mose, Kapitel 2, besonnen haben, und wir haben einiges über Trennung, Beständigkeit, Einheit und Intimität gelernt. Wir haben die Bausteine der Ehe studiert, wie wir ständig fortdauernde Flitterwochen haben können, wie wir mit unseren Konflikten fertigwerden, und schließlich haben wir einige weise Tips erhalten, wie man mit Geld umgeht.

Jede Seite war voll von Hoffnung. Wir haben ganz offen unsere Unzulänglichkeiten und die Notwendigkeit göttlicher Hilfe eingestanden. Jeder wichtige Punkt und jedes Prinzip sind durch die Schrift bestätigt worden. Unsere Darstellung beruhte also nicht auf rein menschlichen Ansichten. Immer wieder sind wir zu dem ursprünglichen Ehepaar zurückgekehrt, um zu analysieren, zu vergleichen, zu beobachten und zu lernen. Es wurde uns versichert, daß es kein eheliches Problem gibt, das Gott nicht lösen kann. Wieder aufbauen, das Feuer wieder entfachen — das war ständig das leitende Motiv. Keine Ehe — ganz gleich, wie schwach oder angeschlagen — muß scheitern.

Ich stimme mit meinem Freund überein, der sagte: Zwei Vorgänge sollen nie voreilig eingeleitet werden: Ein Begräbnis und eine Scheidung. Immer wieder habe ich Wege vorgeschlagen, auf denen eine Ehe gerettet werden kann; denn ich glaube fest daran, daß mit Gott nichts unmöglich ist. Ich habe oft gesehen, wie er zahlreiche Ehepaare völlig verändert hat, weil es nie zu seinem ursprünglichen Plan gehörte, daß eine Familie zerstört werden soll. Und weil sein Wort voller Verheißungen ist, die denen Hoffnung bieten, die versagt haben. Aber...

Trotzdem gibt es Scheidungen — heute mehr denn je. Oft gegen den Wunsch eines Partners. Oft trotz viel Hilfe und Gebet von Freunden und Bekannten. Oft zwischen zwei Christen ... ja, häufig! Stets waren biblische Prinzipien entweder unbekannt, wurden ignoriert oder offen verletzt. Es gibt Scheidungen. Das ist eine Tatsache, die wir hassen mögen (ich muß zugeben, daß das bei mir wirklich der Fall ist!), aber nicht leugnen können.

Deshalb, statt dem Thema aus dem Weg zu gehen und so zu tun, als gäbe es so etwas wie Scheidung nicht, habe ich mich entschlossen, ein Kapitel zu schreiben, das uns damit direkt konfrontiert.

Meine Darstellung soll kurz sein (unzählige Bücher sind über dieses Thema geschrieben worden), biblisch und geschrieben aus Mitgefühl. Dennoch werden manche von Ihnen sich verletzt fühlen, und andere werden mich mißverstehen. Das ist leider unvermeidlich.

Ein umstrittenes Thema

Ich bin davon überzeugt, daß eine willkürlich ausgewählte Gruppe von Christen sich nie über dieses Thema einigen würde. Ich möchte das noch stärker ausdrücken. Ich bin überzeugt, daß ein Bus voller evangelikaler Theologen sich über das Thema der Scheidung und Wiederheirat nicht einigen könnte, selbst wenn sie den ganzen Sommer lang kreuz und quer durch Deutschland fahren würden. Es ist zweifelsohne ein heißumstrittenes Thema. Deshalb, ganz gleich zu welchen Schlußfolgerungen ich hier komme, bin ich überzeugt, daß einige höchst zuverlässige, kompetente und ehrliche Leute nicht mit mir übereinstimmen werden.

Ich bin auch von einer anderen Tatsache überzeugt: Es ist an der Zeit, daß jemand aus dem evangelikalen Lager sich direkt mit diesem Thema auseinandersetzt. Viele geschiedene Menschen leiden unter einer enormen Last unnötiger Schuld. Während ich zwar nicht die durchdringenden Schläge des Geistes Gottes dämpfen will (wenn es sich wirklich um den Geist handelt, der das Schuldgefühl hervorbringt), so hoffe ich doch, daß meine Worte den Atemraum verschaffen, den Gott in bestimmten Fällen gestattet. Was mir am meisten Sorge bereitet ist, daß jemand diese Zeilen liest und sie mißversteht. Anderer Meinung zu sein ist eines, falsche Interpretation ist etwas anderes. Die starken Gefühle, die sich bei einer so stressgeladenen Situation wie die einer Scheidung zwangsläufig ergeben, erhöhen die Wahrscheinlichkeit einer falschen Interpretation dessen, was man liest.

Machen Sie sich bitte Mühe, in meine Worte nicht etwas hineinzulesen, was ich nicht geschrieben habe — oder etwas auf extreme Weise zu interpretieren, wo ich ein vernünftiges Gleichgewicht bewahren will. Bei solch kontroversen Themen muß man sich bemühen, so präzise und klar wie möglich miteinander zu verkehren. Tun wir beide unser Bestes!

Die Scheidung gehört nicht zum Plan Gottes

Es sollte uns nicht überraschen, daß die Scheidung nie zum ursprünglichen Plan Gottes für die Familie gehörte. Das können wir nicht nur daraus ersehen, daß im 1. Buch Mose von Scheidung nicht die Rede ist, sondern vor allem hat es Jesus ganz klar gesagt:

> *Mose hat euch erlaubt, euch zu scheiden von euren Frauen, um eures Herzens Härtigkeit willen; von Anbeginn aber ist's nicht so gewesen.* *(Matth. 19, 8)*

Es ist eindeutig, wie es am Anfang war: Ein Mann (Adam) stand mit einer Frau (Eva) in einer ungebrochenen Verbindung (Ehe) für das ganze Leben. Wie vollkommen! Ja, und wie unschuldig! Erinnern Sie sich, bis dahin gab es noch keine Sünde, keine fleischliche Natur im Menschen. Am Anfang war die Familie absolut vollkommen.

Der Mensch war völlig unschuldig, unbefleckt. So lesen wir es in 1. Mose 5, 1–2:

> *Als Gott den Menschen schuf, machte er ihn nach dem Bilde Gottes und schuf sie als Mann und Weib und segnete sie und gab ihnen den Namen Mensch zur Zeit, da sie geschaffen wurden.*

Das ist eindeutig. Sündlosigkeit. Das Bild Gottes wurde in zwei Menschen eingepflanzt. Gott stempelte sein eigenes Bild seiner Schöpfung auf.

Die erschütternde Auswirkung der Sünde auf die Ehe

Doch lesen wir weiter. Im selben Kapitel heißt es im nächsten Vers:

> *Und Adam war 130 Jahre alt und zeugte einen Sohn, ihm gleich und nach seinem Bilde, und nannte ihn Seth …*

Erkennen Sie den Unterschied. Der Vater war ursprünglich nach dem Bilde Gottes erschaffen worden, Seth aber nach Adams Bild — »ihm gleich und nach seinem (d. h. des Vaters) Bilde«. Warum? Die Sünde war in die Welt gekommen. Die tragische Geschichte wird 1. Mose 3 berichtet. Und mit der Sünde kamen alle ihre furchtbaren Konsequenzen, von denen der Anfang des Konflikts, sowohl im Innern (die Wurzel) als auch im Äußeren (die Frucht) nicht die geringste ist.

Die Sünde beeinflußte alle und alles. An die Stelle von Harmonie trat Konflikt, Krieg ersetzte Frieden, Trauer Freude. Ungehorsam, Rebellion, Streit und sogar Mord wurden zum Status quo. Ehen waren davon nicht ausgeschlossen. Anders als in der ursprünglichen Ehe, wurden Ehegatten und Frauen selbstsüchtig, anspruchsvoll, brutal, treulos, zornig, voller Haß und ehrgeizig.

Das Volk Israel, das auserwählte Volk Gottes, unterschied sich schließlich nicht mehr von anderen Völkern. Sie ignorierten die Anweisungen Gottes und gingen Mischehen mit Fremden ein — Nichtisraeliten. Gott wollte die Mischung zwischen Juden und Heiden nicht, durch Mose aber wurde ein Kompromiß ermöglicht. Wegen der Bedrohung der einzigartigen Besonderheit des Volkes Israels wurde ein »Scheidebrief« (5. Mose 24, 1–4) gestattet. Wegen des sturen, aufsässigen Willens eines sündigen Volkes — Jesus nannte es »Härtigkeit des Herzens« — gab es schließlich so etwas wie Scheidung. Aber vergessen Sie nicht — Scheidung war kein Bestandteil von Gottes ursprünglichem Plan für die Ehe. Die Sünde hat den Plan verdorben.

Ich möchte das Problem anhand eines Beispiels darstellen. Stellen Sie sich vor, Sie haben mit Ihrer Familie genug Geld gespart, um sich einen Swimmingpool zu bauen. Sie bestellen sich eine Baufirma und diskutieren mit ihr den Bauplan. Der Vertreter der Firma lächelt, während Sie den Vertrag unterschreiben und ihm den ersten Scheck übergeben. Die Grube wird ausgehoben, Stahl und Zement werden zum Bau der Wände verwandt, das ganze wird mit Gips und Kacheln bedeckt, und alle sind begeistert. Die Baufirma hat Wort gehalten und Sie haben die Rechnung bezahlt. Jetzt muß natürlich das Wasser eingelassen werden. Während der Swimmingpool sich langsam mit Wasser füllt, nimmt es eine seltsame Farbe an: Grün, nicht kristallklar, nicht einmal hellblau. Nein, es ist grün. Und je länger Sie zusehen, desto grüner wird es!

Sie hatten nie vor, grünes Wasser in Ihrem Swimmingpool zu haben — Sie träumten von kristallklarem Naß. Das war Ihr ursprünglicher Plan. Aber ein Feind hat sich ohne Einladung eingeschlichen: Bakterien! Und je länger der Feind bleibt, ohne daß gegen ihn etwas unternommen wird, um so mehr wird der Swimmingpool voller faulendem, übelriechendem Wasser sein. Deshalb müssen Sie ein Zugeständnis machen. Ein Kompromiß ist unerläßlich, es sei denn, sie füllen den Pool mit Dreck und lassen das Schwimmen sein. Sie müssen Chemikalien hinzufügen. Sie müssen Ihrem einst kristallklaren Wasser Chlor, Säuren und andere Stoffe beimischen. Ihre Augen werden sich beim Schwimmen röten, und Ihr Badeanzug wird seine leuchtende Farbe verlieren, aber wenn Sie überhaupt einen Swimmingpool haben wollen, müssen Sie Chemikalien verwenden, um gegen die Bakterien anzukämpfen. Ob sie es wollen oder nicht, Sie müssen mit Ihrem ursprünglichen Plan einen Kompromiß schließen.

Genauso ist es mit der Ehe. Wegen der grausamen Gegenwart und den Konsequenzen der Sünde wurde die Scheidung gestattet, damit die Ehe und die besonderen Merkmale der Familie, die den Wesenszug Jahwes darstellten, nicht völlig beseitigt und zerstört werden. In diesem Sinne wurde die Scheidung eine Möglichkeit, die Besonderheit des Gläubigen zu bewahren. Aber vergessen Sie nicht — sie war nie Gottes ursprünglicher Wunsch oder seine Absicht. Sie wurde gestattet, nachdem die Sündhaftigkeit drohende Ausmaße angenommen hatte.

Wann ist es gestattet, noch einmal zu heiraten?

Genug Geschichte! Wenden wir uns der Gegenwart zu. Die Frage, die jeder beantwortet haben möchte, lautet: Wann ist eine Scheidung gestattet? Ich will ihnen viele Worte und Zitate ersparen. Es soll genügen, daß ich diese Frage im Hinblick auf die Wiederheirat beantworten werde. Mit anderen Worten, meine Antwort setzt voraus, daß die eigentliche Frage, die wir stellen, lautet: »Gibt es irgendwelche biblischen Gründe, die eine Wiederheirat gestatten?«

Ich habe die Schrift studiert, alles gelesen, was ich in die Finger bekam, und die Frage mit meiner Frau, meinen Freunden, Kollegen, Ältesten der Gemeinde, Pastoren, vielen Theologieprofessoren und vielen anderen ernsthaften Studenten der Schrift besprochen. Ich habe mich mit zahlreichen geschiedenen Leuten unterhalten, mit Ehepaaren, Verlegern, Autoren, die über dieses Thema geschrieben haben, und mit Fachleuten auf diesem Gebiet — sowohl Christen als auch Nichtchristen. Hier sind meine Schlußfolgerungen — der Klarheit wegen vereinfacht dargestellt:

Ich bin der Überzeugung, daß einem Christen auf biblischer Grundlage eine Wiederheirat bei einem der drei auf den folgenden Seiten beschriebenen Sachverhalten gestattet ist.

Ehe und Scheidung vor der Bekehrung

1. Wenn die Ehe und die Scheidung vor der Bekehrung stattgefunden haben.

In 2. Korinther 5, 17 lesen wir:

> *Darum, ist jemand in Christus, so ist er eine neue Kreatur; das Alte ist vergangen, siehe, es ist alles neu geworden!*

Ich nehme das wörtlich und gehe bis zum äußersten. Ich glaube, daß »neu« wirklich »neu« heißt. Wenn Gott dem erlösten Sünder verspricht, daß er »eine neue Kreatur« ist, dann interpretiere ich es so, daß er genau das meint, eine völlige Neuschöpfung. Anders also als das, was vorher existierte.

Der griechische Ausdruck *kainos* bedeutet »... das, was unbewohnt oder ungebraucht ist, neu in Form und Qualität, von anderem Wesen im Vergleich zu dem, was im Gegensatz dazu als alt dargestellt wird.«

»Frisch« wäre ein passendes Synonym. Das Wort wird im Neuen Testament gebraucht, um das »neue Gebot« Christi für seine Jünger zu bezeichnen (Johannes 13, 34); den »neuen Bund« (Matthäus 26, 28 – 29); den Sünder, der zu einem »neuen Menschen« wird (Epheser 2, 15; 4, 24); den »neuen Namen«, der uns im Himmel gegeben wird (Offenbarung 2, 17), und »den neuen Himmel und die neue Erde«, die der Apostel Johannes in seiner Vision sah (Offenbarung 21, 1).

Ohne Frage spricht der Text von einer völlig neuen, ungebrauchten Kreatur (Wesen, Schöpfung), die ein Mensch im Augenblick der Bekehrung wird. Als ob das noch nicht genug sei, erklärt Paulus dann, »das Alte ist vergangen«. Auch das nehme ich wörtlich. Das alte Leben, mit allen seinen alten Eigenschaften und Sünden, ist durch Gottes Gnade vergangen und beseitigt. Das beste Wort hierfür ist »vergeben«, völlig und total.

Wenn Ihnen das zu extrem erscheinen sollte, wird es Ihnen vielleicht helfen, einmal ganz langsam und aufmerksam die folgenden Verse am Anfang des zweiten Kapitels des Epheserbriefs zu lesen:

> *Auch ihr waret tot in euren Übertretungen und Sünden, in welchen ihr vormals gewandelt seid nach dem Lauf dieser Welt, nach dem Mächtigen, der in der Luft herrscht, nämlich nach dem Geist, der zu dieser Zeit sein Werk hat in den Kindern des Unglaubens. Unter ihnen haben auch wir alle*

vormals unseren Wandel gehabt in den Lüsten unsres Fleisches und taten den Willen des Fleisches und der Sinne und waren Kinder des Zornes von Natur, gleichwie auch die andern.

Aber Gott, der da reich ist an Barmherzigkeit, hat um seiner großen Liebe willen, mit der er uns geliebt hat, auch uns, die wir tot waren in den Sünden, samt Christus lebendig gemacht, denn aus Gnade seid ihr gerettet worden. Und hat uns samt ihm auferweckt und samt ihm in das himmlische Wesen gesetzt in Christus Jesus, auf daß er erzeigte in den kommenden Zeiten den überschwenglichen Reichtum seiner Gnade durch seine Güte gegen uns in Christus Jesus. *(V. 1 – 7)*

Und nun ein paar Verse später heißt es im selben Kapitel:

So seid ihr nun nicht mehr Gäste und Fremdlinge, sondern Mitbürger der Heiligen und Gottes Hausgenossen, erbaut auf den Grund der Apostel und Propheten, da Jesus Christus der Eckstein ist, auf welchem der ganze Bau ineinandergefügt wächst zu einem heiligen Tempel in dem Herrn; auf welchem auch ihr miterbaut werdet zu einer Behausung Gottes im Geist. *(V. 19 – 22)*

Um ganz offen zu sein, es ist mir völlig unverständlich, wie man auf der Grundlage solcher Aussagen in der Schrift (es gibt noch dutzend andere) eine Scheidung ausschließen kann. Wenn man das tut, dann ist die Scheidung die einzige Sünde, die das Blut Christi nicht bedeckt. Sie ist der eine, permanente Fleck auf unserer Vergangenheit, der nicht fortgewaschen werden kann. Dann wird es auch fragwürdig, ob wir tatsächlich die Worte Davids ernstnehmen können, wenn er schreibt:

Er handelt nicht mit uns nach unsern Sünden und vergilt uns nicht nach unsrer Missetat. Denn so hoch der Himmel über der Erde ist, läßt er seine Gnade walten über denen, die ihn fürchten. So fern der Morgen ist vom Abend, läßt er unsere Übertretungen von uns sein. Wie sich ein Vater über Kinder erbarmt, so erbarmt sich der Herr über die, die ihn fürchten. *(Psalm 103, 10 – 12)*

Nein, ich glaube, daß »neu« auch »neu« bedeutet. Und wenn Gott verspricht, daß das Alte vergeht, dann gehört dazu sicher auch die

Scheidung vor der Bekehrung. Schließlich muß man folgendes bedenken: In einer Situation der Entfremdung von Gott, wie ist es da einem Ungläubigen überhaupt möglich, den Willen Gottes in bezug auf seinen Lebenspartner zu wissen? Nachdem ich sorgfältig über diese Sache nachgedacht habe, bin ich zu dem Schluß gekommen, daß in dieser Angelegenheit Gott im Überfluß seiner Gnade die Vergangenheit völlig bereinigt, wenn wir uns im Glauben Christus zuwenden.

Wenn die Ehe und Scheidung vor der Bekehrung stattgefunden hat, so glaube ich, gibt Gott seiner »neuen Kreatur« die Freiheit, wieder zu heiraten.

Ein unmoralischer und reueloser Partner

2. Wenn der andere Partner sich sexuell versündigt hat und nicht bereit ist, Buße zu tun und seinem Ehepartner treu zu bleiben.

Viel ist über dieses Thema geschrieben worden. Ich wiederhole, ich habe alles gelesen, was mir zu diesem Thema in die Hände gekommen ist, und deshalb schreibe ich diese Worte nicht unüberlegt. Ich bin mir vollends der Schwierigkeiten bewußt, die sich dabei ergeben, wenn man feststellen will, wer nun die Schuld für die sexuelle Entgleisung trägt. Hier muß man sehr sorgfältig vorgehen, gewöhnlich mit Hilfe eines qualifizierten Seelsorgers, der in diesen ernsthaften Angelegenheiten eine Quelle der Objektivität und Weisheit sein kann. Jeder Fall muß unabhängig untersucht werden.

Dennoch können wir nicht ignorieren oder leugnen, was Christus in Matthäus 19, 9 gesagt hat:

> *Ich aber sage euch: Wer sich von seiner Frau scheidet, es sei denn um der Hurerei willen, und freit eine andere, der bricht die Ehe.*

Viele verschiedene Interpretationen sind vorgeschlagen worden, was der Herr hier sagt. Ich muß gestehen: Nachdem ich über jede dieser Interpretationen nachgedacht habe (manche von ihnen sind ziemlich weit hergeholt und kompliziert), sehe ich mich gezwungen, einfach zu dem Vers zurückzukehren und ihn so zu akzeptieren, wie er dort steht.

In meinem Christenleben habe ich mich auf ein sehr einfaches, aber verläßliches Interpretationsprinzip gestützt: Wenn der gewöhnliche Sinn tatsächlich sinnvoll erscheint, dann suche nach keinem anderen Sinn.

Das wollen wir hier anwenden. Jesus beantwortet eine Frage (in Vers 3), die ihm von einem Pharisäer gestellt worden ist. Sie bezieht sich auf die Scheidung:

Ist's auch recht, daß sich ein Mann scheide von seiner Frau um irgendeiner Ursache willen?

Das führt zu seiner zweiten Frage (V. 7) über den Grund, warum die Scheidung überhaupt erst gestattet wurde:

Warum hat dann Mose geboten, einen Scheidebrief zu geben, wenn man sich scheidet?

Die Antwort ist klar:

Er sprach zu ihnen: Mose hat euch erlaubt, euch zu scheiden von euren Frauen, um eures Herzens Härtigkeit willen; von Anbeginn aber ist's nicht so gewesen.

Und dann, um die Angelegenheit noch näher zu erläutern, fügt er hinzu:

Ich aber sage euch: Wer sich von seiner Frau scheidet, es sei denn um der Hurerei willen, und freit eine andere, der bricht die Ehe.

Das ist der persönliche Rat Christi zur Rechtfertigung der Scheidung und zur Wiederheirat. Das ist der »gewöhnliche Sinn« des Verses; deshalb ist es überflüssig, nach einem anderen zu suchen. Das einzige, was uns noch weiterhelfen könnte, ist die Bedeutung des griechischen Wortes, das mit »Hurerei« übersetzt worden ist.

Es handelt sich um das Wort *porneia,* von dem das Wort »Pornographie« abgeleitet ist. In verschiedenen Teilen des Neuen Testaments wird es wiederholt gebraucht, um unzulässige sexuelle Beziehungen zu kennzeichnen. Im Fall zweier Ehepartner bezieht es sich auf intime geschlechtliche Beziehungen mit jemand anders — vom anderen Geschlecht (heterosexuelle Untreue) oder vom gleichen Geschlecht (Homosexualität).

Der Herr hat bestätigt, daß es am Anfang (im Garten von Eden mit Adam und Eva) keine Scheidung gab. Aber wegen der »Härtigkeit des Herzens« wurde die Möglichkeit der Scheidung gegeben. Jesus beschreibt in allen Einzelheiten, unter welchen Bedingungen eine Scheidung und Wiederheirat akzeptabel sein kann. Wenn ein Ehepartner unzüchtige sexuelle Beziehungen mit einer anderen Person gehabt hat und nicht willens ist, dem Ehepartner in Zukunft treu zu bleiben, dann steht dem treuen Ehepartner die Möglichkeit offen, sich scheiden zu lassen und wieder zu heiraten.

Bevor ich den dritten Scheidungsgrund nenne, möchte ich Sie bitten, den letzten Satz noch einmal zu lesen. Ich möchte vor allem zwei Gedanken betonen. Zunächst einmal: Es handelt sich hier nicht um einen einmaligen Akt der Untreue, um eine Nacht der Sünde. Hier geht es um *porneia.* Meiner Ansicht nach ist hier von Unzucht die Rede, bei der der Wille zur zukünftigen Treue völlig fehlt. Ich zögere, den Ausdruck zu gebrauchen, weil ich nicht mißverstanden werden möchte, aber ich meine, hier ist von einem unzüchtigen Lebensstil die Rede, der Entschlossenheit, unzüchtig zu leben.

Zweitens: Der treue Partner hat die Möglichkeit, die Ehe zu beenden, aber es ist nicht seine Pflicht. Ich habe es erlebt, wie zahlreiche Ehen wieder neu aufgebaut worden sind, weil der treue Partner eine Scheidung nicht mit innerem Frieden betreiben konnte. Es ist viel besser, sich darum zu bemühen, die Ehe wieder aufs richtige Gleis zu bringen, statt nach Beweisen Ausschau zu halten, die es einem gestatten, die Scheidung einzureichen. Aber es gibt Fälle, wo jeder Versuch unternommen worden ist, die Ehe zusammenzuhalten, ständige sexuelle Untreue das aber unmöglich macht. Dann gibt uns der Herr Freiheit von dieser elenden und untragbaren Bindung.

Wenn man von dem ungläubigen Partner verlassen wird

3. Wenn einer der Partner ungläubig ist und den gläubigen Partner endgültig verlassen hat.

Um das zu verstehen, müssen wir uns ganz sorgfältig 1. Korinther 7, 12 – 15 ansehen.

> *Den andern aber sage ich, nicht der Herr: Wenn ein Bruder (ein Christ) eine ungläubige Frau hat (eine Nichtchristin), und sie ist willig, bei ihm zu wohnen, der scheide sich nicht von ihr.*
>
> *Und wenn eine Frau (eine Christin) einen ungläubigen Mann hat (einen Nichtchristen), und er ist willig, bei ihr zu wohnen, die scheide sich nicht von ihm.*
>
> *Denn der ungläubige Mann ist geheiligt durch die Frau,*

und die ungläubige Frau ist geheiligt durch den gläubigen Mann. Sonst wären eure Kinder unrein; nun aber sind sie heilig.

Wenn aber der Ungläubige (ein Nichtchrist) sich scheiden will, so laß ihn sich scheiden. Es ist der Bruder oder die Schwester (ein Christ / eine Christin) nicht gebunden in solchen Fällen. Zum Frieden hat euch Gott berufen.

Paulus gibt guten Eherat. Hier finden wir einen Ratschlag, der sonst nirgendwo in der Schrift offenbart ist. Dieser Passus ist deshalb einzigartig, weil er sich mit dem sehr häufigen Problem einer Mischehe beschäftigt, d. h. ein Partner ist Christ und der andere nicht. Bedeutsam ist, hier wird nicht voraussgesetzt, daß solche Ehen immer untragbar sind. Manchmal ist eine harmonische Ehe unter solchen Umständen (begrenzt) möglich. Dann ist es dem Christen nicht erlaubt, die Ehe aufzulösen. Wenn der Ungläubige bei Ihnen bleiben will — dann müssen auch Sie bleiben!

Aber es geschieht manchmal, daß der Ungläubige sich scheiden lassen will. Der nichtchristliche Partner verläßt den Christen absichtlich, beendet die Beziehung und weigert sich zu bleiben. Wie lautet in dieser Situation Gottes Ratschlag für den Christen? »... laß ihn sich scheiden.« Mit anderen Worten, der Christ ist nicht dazu verpflichtet, zu betteln und zu flehen, daß der nichtchristliche Partner bleibt. Vielmehr: »... laß ihn sich scheiden.«

Aber das ist noch nicht alles. In Vers 15 heißt es:

Es ist der Bruder oder die Schwester nicht gebunden in solchen Fällen.

Der wichtige Ausdruck hier lautet »nicht gebunden«. Was bedeutet er? Die Wurzel des griechischen Wortes ist *doulos*, das neutestamentliche Wort für »Sklave«. Sklaven waren an ihre Herren untrennbar gebunden. Es ist ein starkes Wort, das von einer strengen, soliden Bindung spricht. Es erinnert mich an den Vers in 1. Mose 2, wo es heißt, daß der Mann seiner Frau »anhangen« wird. Erinnern Sie sich, das Wort heißt »kleben«. Paulus spricht hier ohne Zweifel von der ehelichen Bindung. Er gebraucht das gleiche Wort mit der Wurzel *doulos* gegen Ende des Kapitels, wenn er in unmißverständlicher Weise von der Ehe spricht:

Eine Frau ist »gebunden«, solange ihr Mann lebt; wenn aber ihr Mann entschläft, ist sie frei zu heiraten...

(1. Korinther 7, 39)

Dieser Vers stellt ganz klar fest, daß der Tod uns von der »Bindung« der Ehe befreit und die Freiheit einer neuen Ehe ermöglicht.

Wir interessieren uns für den Ausdruck »gebunden«! In Vers 15 erfahren wir, daß der verlassene Christ nicht mehr gebunden ist. Der gewöhnliche Sinn des Ausdrucks ist klar. Es ist deshalb überflüssig, nach einem anderen Sinn zu suchen. Freiheit von dieser »Bindung« bedeutet offensichtlich, von der Verantwortung dieser Ehe befreit zu sein. Das Verlassen des nichtchristlichen Partners bricht die Bindung, und somit ist der Gläubige frei, sich scheiden zu lassen und wieder zu heiraten.

Die »ausführliche Übersetzung« von Kenneth Wuest drückt diesen Gedanken gut aus:

> Ein (christlicher) Bruder oder eine (christliche) Schwester ist nicht in der Position eines Sklaven, nämlich an einen ungläubigen Mann oder eine ungläubige Frau in einer unauflösbaren Beziehung in solchen Fällen gebunden; sondern Gott hat uns berufen, in Frieden zu leben.

Ich brauche Ihnen vermutlich nicht zu sagen, daß alle möglichen Vorschläge von qualifizierten Exegeten der Bibel gemacht worden sind, worin das »Verlassen« besteht und was »nicht gebunden sein« nun wirklich bedeutet. Weil ich Ihnen versprochen habe, Ihnen zahlreiche Zitate und lange Seiten anstrengender Erläuterungen zu sparen, werde ich nicht versuchen, alle Meinungen darzustellen. Aber vielleicht sollte ich Sie zur Vorsicht mahnen.

Wenn wir von dem Verlassen des ungläubigen Partners lesen, spricht Paulus offensichtlich nicht von einer schnellen, vorübergehenden Entscheidung, alles hinzuwerfen und abzuhauen — und nach kurzer Zeit wieder zurückzukehren. Nein, verlassen heißt wirklich verlassen. Es handelt sich um etwas Endgültiges. Hier ist von einer Entscheidung die Rede, die zu einem Abbruch der Beziehung führt, ohne daß irgendein Verlangen besteht, zurückzukehren, kein Interesse, die Familie aufrechtzuerhalten, kein Plan, die Verantwortungen auf sich zu nehmen, und keine Rücksicht auf das Ehegelübde. Das ist mit »Verlassen« gemeint. Derjenige, der verlassen wird, hat in solchen Fällen kaum einen Zweifel. Die Ehe ist vorüber. Sie ist vorbei, sie ist am Ende.

Vor vielen Jahren hatte ich mit einem derartigen Fall zu tun. Die Frau und Mutter von drei Kindern (eine Christin) wurde wortwörtlich von ihrem Mann »verlassen«, der Arzt war. Der Mann, der nicht gläubig war, wollte ihre Beziehung zu Jesus Christus nicht mehr dulden, obwohl sie sehr darauf achtete, ihm ihre geistlichen Anliegen nicht aufzuzwingen. Ganz im Gegenteil, sie blieb eine charmante und liebevolle Partnerin, trotz seiner störenden Handlungen und grausamen Bemerkungen. Letzten Endes jedoch beschloß er, sie zu verlassen. Er kümmerte sich nicht darum, sie finanziell zu unterstützen. Aus Verlegenheit und Mitleid sprangen seine Eltern in die Bresche und unterstützten ihre Schwiegertochter eine Zeitlang in großzügiger Weise. Trotzdem kein Wort von ihrem Gatten. Er hatte sie wirklich verlassen. Sie blieb treu, aber er war jetzt nicht mehr da.

Schließlich gab es eine Scheidung. Die Frau überstand dieses schmerzhafte Erlebnis mit Gottes Hilfe. Sie war ein bemerkenswertes Vorbild der Geduld und Vergebung. Sie ließ es nicht zu, daß sich Bitterkeit in ihrem Herzen ansammelte. Die Ehe war vorüber, aber das sollte nicht heißen, daß ihr Leben am Ende war.

Durch eine Reihe von Ereignissen begegnete sie dem Mann, der einst ihr Schulfreund gewesen war. Er hatte nie geheiratet, denn auf irgendeine seltsame Weise war er davon überzeugt gewesen, daß der Herr sie eines Tages wieder zusammenführen würde. Obwohl er jeden Kontakt mit ihr verloren hatte und gar nicht wußte, wo sie überhaupt lebte, besaß er die innere Zuversicht, daß sie eines Tages heiraten würden. Er war übrigens auch Arzt — und er hatte Christus persönlich kennengelernt. Ihre Verliebtheit war einfach wunderbar.

Ich durfte sie dann trauen — ein wunderschönes Erlebnis. Erst letztes Jahr trafen meine Frau und ich sie bei einer großen christlichen Versammlung. Ihre Ehe ist stabiler denn je. Beide sind sehr geistliche Menschen. Und ihre Familie, die jetzt noch weiter gewachsen ist, ist eine enge, harmonische Einheit gegenseitiger Zuneigung. Obwohl ihr ungläubiger Partner sie verlassen hatte, hielt Gott seine Hand über ihr Leben. Er half ihr in ihrer Not, sie erlebte seine Gnade im Überfluß.

Eine Zusammenfassung und eine Warnung

Ich muß John R.W. Stott zustimmen: »Die Scheidung war ein göttliches Zugeständnis an menschliche Schwachheit.« Kein Christ sollte sich aktiv um die Auflösung seiner Ehebindung bemühen. Viele wichtige Dinge, die Gott uns (seinen Kindern) lehren will, lernen wir oft zur Zeit ehelicher Schwierigkeiten. Man könnte unzählige Erlebnisse berichten, wie Gott die mißbrauchten und hintergangenen Partner belohnt hat, wenn sie sich weigerten, aufzugeben.

Aber in manchen extremen Fällen wird die Ehebindung gegen die Wünsche und Anstrengungen des treuen Partners so sehr zerstört, daß sie sich nicht wiederherstellen läßt. Die Schrift aber lehrt, daß Gottes »Zugeständnis an menschliche Schwachheit« gerechtfertigt ist und dem geschiedenen Christen das Recht und die Freiheit gibt, im Herrn wieder zu heiraten. Im Wort Gottes finden wir drei verschiedene Situationen, in denen durch seine Gnade diese Möglichkeit gegeben ist:

— Erstens, wenn Ehe und Scheidung vor der Bekehrung stattgefunden haben (2. Korinther 5, 17).
— Zweitens, wenn der andere Partner sich sexuell versündigt hat und nicht bereit ist, Buße zu tun und seinem Ehepartner fortan treu zu bleiben.
— Drittens, wenn einer der Partner ungläubig ist und den gläubigen Partner endgültig verlassen hat.

Bevor ich dieses Kapitel abschließe, möchte ich noch ein Wort der Warnung aussprechen. Weil wir menschlich, sündig und schwach sind, besitzen wir alle eine bemerkenswerte Fähigkeit der Rationalisierung. Wenn wir uns nicht bewußt davor hüten, werden wir bei Eheproblemen nach einem Weg aus einer Ehe *heraus* suchen, statt nach einem Weg durch die Schwierigkeiten *hindurch*. Nachdem wir intensiv darüber gegrübelt haben, wird uns die Scheidung als der einzige Ausweg erscheinen, unser langerwartetes, verdientes Traumland. Und dann fangen wir an, uns in diese Richtung hin zu bewegen, ignorieren die Stimme Gottes und verstoßen gegen die niedergeschriebenen Prinzipien des Wortes Gottes. Beides sind schwerwiegende Verstöße gegen Gottes Gebot.

Ich möchte uns alle vor solchen Gedanken und Handlungen warnen. Diese fleischliche Art und Weise verhindert die Verwirklichung des besseren Plans, den Gott für seine Kinder vorgesehen hat, und, was noch schlimmer ist, wir verdrehen die wunderbare Gnade Gottes in eine gewissenentlastende Entschuldigung, uns das zu nehmen, wonach wir streben, statt das zu akzeptieren, was er vorgesehen hat.

Wenn Gott Scheidung und Wiederheirat gestattet, wollen wir sie ohne Furcht oder Schuld akzeptieren. Wir wollen nicht das »unrein« nennen, was er jetzt rein nennt. Aber wir wollen ihm nicht Worte in den Mund legen, die er nicht gesagt hat, ganz gleich wie elend wir uns fühlen.

Es gibt etwas viel Schlimmeres, als unharmonisch mit einem Ehepartner zu leben, und das ist, mit Gott im Ungehorsam zu leben.

10 Verpflichtung — der Schlüssel zu einer harmonischen Ehe

In unserer haltlosen, unverantwortlichen Ausfluchtmentalität ist Verpflichtung fast zu einem schmutzigen Wort geworden. Diejenigen, die lieber rationalisieren und davonlaufen statt durchzuhalten und zu erleben, wie Gott ein oder zwei Wunder tut (daß dabei unser Charakter geformt wird, ganz zu schweigen), widersetzen sich diesem Konzept. Wenn Sie selbst ein Davonläufer sein sollten, wird Ihnen dieses Kapitel nicht so sehr gefallen.

Ein Gelübde ist ein Gelübde

Ehen werden nicht auf der Grundlage vager und unbestimmter Zusagen geschlossen. Zwei Menschen, in vollem Bewußtsein, schließen ein gegenseitiges Gelöbnis. Die Form des Ehegelübdes ist nicht immer gleich, aber ohne Ausnahme enthält es Worte wie:

> »... *im Guten und im Bösen*...«

und

> »... *bis daß der Tod uns scheidet*...«

Richtig? Erinnern Sie sich an das, was Sie vor Gott versprochen haben? Hat er Sie nicht gehört? Das ist nur eine rhetorische Frage — natürlich hat er Sie gehört! Nimmt er ein solches Gelübde ernst? Lesen Sie selbst:

> *Wenn du Gott ein Gelübde tust, so zögere nicht, es zu halten; denn er hat kein Gefallen an den Toren; was du gelobst, das halte.* *(Prediger 5, 3)*

Ja, er nimmt es nicht nur ernst. Er erinnert sich stets daran. Ein Gelübde ist ein Gelübde. Ein ernstes Versprechen, wodurch ein einzelner sich zu einer Handlung, einem Dienst oder einer anderen Person verpflichtet. Was gebietet Gott?

> *Was du gelobst, das halte!*

Nun hören Sie besonders aufmerksam zu. Lesen Sie langsam: Keine psychologische Therapie, kein positives Denken (oft »Gnade« genannt), keine semantischen Kunstgriffe am Text, alternative Konzepte oder moralische Unterstützung von ihrer Familie oder Ihren Freunden kann sie der Verantwortung entbinden, ihr Gelübde einzuhalten. Mit Ausnahme der besonderen Umstände, die ich im letzten Kapitel beschrieben habe (die biblische Grundlage für Scheidung und Wiederheirat), sind sie für ihr Hochzeitsgelübde verantwortlich. Ich wiederhole: Ein Gelübde ist ein Gelübde!

Natürlich ist das nicht leicht! Sicher werden Sie manchmal davon überzeugt sein, daß es nicht mehr weitergeht. Aber ich möchte Sie an Ihr Gelübde erinnern, an die Verpflichtung, die Sie eingegangen sind:

»... im Guten und im Bösen ...«

Was Sie durchmachen müssen, gehört manchmal zum »Bösen«. Keine Ehe ist von solchen Augenblicken frei.

Eines Tages fuhr ich zu dem Haus unserer Bekannten, um ihre Tochter abzuholen, damit sie mit einem meiner Kinder Schlittschuhlaufen gehen konnte. Die Eltern waren damit beschäftigt, Tapeten anzukleben. Wenn Sie das einmal als Ehepaar zusammen gemacht haben, dann wissen Sie, wie sehr ein solches Unternehmen die Ehe belastet. Wir beide (der Mann und ich) mußten lachen, als ich ihm von den drei Phasen erzählte, die Ehepaare durchmachen müssen, wenn sie zusammen die Tapete ankleben:

Erste Phase: Die Ehepartner denken über Trennung nach
Zweite Phase: Die Ehepartner trennen sich
Dritte Phase: Scheidung wird eingereicht

Nach dem Witz beugte er sich zu mir in den Wagen und sagte mir:

»Chuck, weißt du, warum es bei uns in der Ehe klappt? Ein Wort: Verpflichtung. Ich bin dieser Frau verpflichtet, und sie mir — für ewig.«

Hoffentlich gibt es noch viele Ehepaare dieser Art.

Warum so wenig Verpflichtung?

Warum ist die Scheidungsrate so stark angewachsen? Wie geschieht es, daß sich so viele Christen aus ihren Verpflichtungen lösen, ohne biblische Rechtfertigung?

Ich habe vier verschiedene Gründe festgestellt. Wahrscheinlich gibt es noch mehr, aber diese vier kommen in meiner Erfahrung am häufigsten vor:

Öffentliche Meinung

Wir leben im Zeitalter der Nachahmung. »Jeder tut es.« Sie wissen, was ich meine, die »Nimm's nicht so tragisch«-Philosophie. Die Massenmedien ignorieren die Tatsache, daß eine bekannte Person ihre Ehe aufgegeben hat, oder sie tun so, als sei das bedeutungslos. Wenn sich die Bücher eines Autors gut verkaufen, wen kümmert dann sein Privatleben?

Dadurch wird die Empfindsamkeit der Öffentlichkeit geschwächt. Die Schärfe unserer Urteilskraft wird abgestumpft. Immer mehr tolerieren den Treuebereich. Es ist nicht mehr angebracht, sich zu schämen oder verlegen zu sein, vom Erröten ganz zu schweigen! Die öffentliche Meinung duldet verwerfliche Handlungen — und damit sind sie allgemeinhin akzeptiert.

Das ist nichts Neues. In 5. Mose 6 ist das Volk Gottes gerade dabei, ein neues, riesiges Land zu betreten. Das versprochene Land. Das Land der Kanaaniter. Das klingt recht einladend, aber dort lauerten zahlreiche Gefahren für dieses monotheistische, gut beschützte Volk, das sich tagsüber um eine Wolke Gottes und nachts um sein Feuer geschart hatte. In Kanaan erwartete sie Götzendienst und Fleischlichkeit. Bald würden sie in einer heidnischen Kultur leben, in der die öffentliche Meinung zu der Lehre, die sie von Mose empfangen hatten, im Widerspruch stand. Deshalb bereitet Gott sie mit einer ausdrücklichen Warnung vor:

> *Wenn dich nun der Herr, dein Gott, in das Land bringen wird, von dem er deinen Vätern Abraham, Isaak und Jakob geschworen hat, es dir zu geben — große und schöne Städte, die du nicht gebaut hast, und Häuser voller Güter, die du nicht gefüllt hast, und ausgehauene Brunnen, die du nicht ausgehauen hast, und Weinberge und Ölbäume, die du nicht gepflanzt hast —, und wenn du nun ißt und satt wirst, so hüte dich, daß du nicht den Herrn vergißt, der dich aus Ägyptenland, aus der Knechtschaft geführt hat, sondern du sollst den Herrn, deinen Gott, fürchten und ihm dienen und bei seinem Namen schwören. Und du sollst nicht andern Göttern nachfolgen, den Göttern der Völker, die um euch*

her sind — denn der Herr, dein Gott, ist ein eifernder Gott in deiner Mitte. *(5. Mose 6, 10 – 15a)*

Ohne Frage, der Herr warnte sein Volk davor, sich der sie umgebenden Kultur anzupassen. Wie relevant das für die heutige Zeit ist! Die öffentliche Meinung trägt häufig dazu bei, unsere Verpflichtung zu schwächen!

Die Theologie der Anpassung

Es gibt einen weiteren Grund, warum es christlichen Ehen heute oft an Verpflichtung mangelt. Ich nenne es »die Theologie der Anpassung«. Das bedeutet, daß man seine Theologie seinem Lebensstil anpaßt. Die Erfahrung wird zum ausschlaggebenden Maßstab, anstelle biblischer Theologie.

Der Prophet Hesekiel hatte mit einer Grupppe von Menschen zu tun, die der »Theologie der Anpassung« folgten. Jahwe warnte ihn vorzeitig, damit er nicht zu sehr aus der Fassung geraten würde. Lesen Sie Hesekiel 33, 30 – 33:

> *Und du Menschenkind, dein Volk redet über dich an den Mauern und in den Haustüren, und einer spricht zum andern: Kommt doch und laßt uns hören, was das für ein Wort ist, das vom Herrn ausgeht. Und sie werden zu dir kommen, wie das Volk so zusammenkommt, und vor dir sitzen als mein Volk und werden deine Worte hören, aber nicht danach tun, sondern ihr Mund ist voll von Liebesweisen, und danach tun sie, und hinter ihrem Gewinn läuft ihr Herz her. Und siehe, du bist für sie wie einer, der Liebeslieder singt, der eine schöne Stimme hat und gut spielen kann. Sie hören wohl deine Worte, aber sie tun nicht danach. Wenn es aber kommt — und siehe es kommt! — so werden sie erfahren, daß ein Prophet unter ihnen gewesen ist.*

Verstehen Sie das nicht falsch. Es handelt sich nicht um unangenehme oder häßliche Menschen. Ganz im Gegenteil, sie sind voller Güte, reden anderen gut zu und sind sogar gute Zuhörer. Aber im tiefsten Innern wollen sie auf gar keinen Fall, daß biblische Theologie ihre Pläne durchkreuzt.

Das erfordert die Fähigkeit, einige offensichtliche Dinge zu ignorieren, bestimmte Abschnitte der Bibel völlig neu zu interpretieren (und ihres Inhalts zu berauben) und sich auf Gnade zu berufen

— Luther nennt sie treffend die billige Gnade —, jener große Ablageplatz für jeden denkbaren Akt des Ungehorsams, um damit bestimmte Handlungen zu rechtfertigen. Es ist bemerkenswert, wie durch die Theologie der Anpassung jede Spur eines Schuldgefühls beseitigt wird. Natürlich hilft es, einen oder zwei Autoren zu finden, die die Theologie der Anpassung unterstützen.

Ich schreibe gefühlsbetont. Zweifelsohne haben Sie das gemerkt. In den vergangenen drei Jahren habe ich zusehen müssen, wie etwa zehn Ehen in die Brüche gegangen sind. Das waren alles christliche Ehen. Alle nahmen eifrig an christlichen Gemeindeaktivitäten teil. In allen Fällen aber hatte einer der Partner in seiner Ehe seine Theologie absichtlich und mit viel Geschick der Lage angepaßt, so daß die Bibel sogar zur Begründung der Scheidungspläne herbeigeholt werden konnte.

Es gab keine häßlichen Auseinandersetzungen oder gar kühne öffentliche Verkündigungen: »Ich verleugne den Glauben!« Das war nicht nötig. Ruhig und mit reservierter Ehrbarkeit verließen sie einfach ihren Partner. Das war alles. Gegen meinen Rat und trotz großangelegter Anstrengungen waren sie nicht zu bremsen. Gegen die Gebote der Schrift. Gegen den Willen ihrer Partner. Obwohl sie dadurch ihren Kindern Schaden zufügten. Und ganz unberührt von der Schande, die dadurch dem Namen Gottes und der Gemeinde Jesu Christi bereitet wurde.

Wenige scheinen sich noch mit Schuld oder persönlicher Scham auseinanderzusetzen. Manche behaupten sogar, sie seien nie glücklicher gewesen. Einige bestehen sogar ganz offen darauf, daß sie dem Herrn nun näher stehen denn je zuvor. Manche stehen immer noch öffentlich im christlichen Dienst.

Wie ist das möglich? Durch die Theologie der Anpassung! Sie verschafft dem Feind viele Siege.

Verzögerte Konsequenzen

Ein dritter Grund, warum wir weniger Verpflichtung und eine wachsende Zahl zerbrochener Ehen erleben, ist praktischer Natur — das Gericht Gottes wird nicht sofort vollzogen.

Salomo schrieb einst darüber:

> *Weil das Urteil über böses Tun nicht sogleich ergeht, wird das Herz der Menschen voll Begier, Böses zu tun.*
>
> *(Prediger 8, 11)*

Sie haben ähnliches schon einmal gehört: »Gott begleicht seine Rechnungen nicht diesen Monat.« Ich erinnere mich an die Worte eines Christen aus dem 16. Jahrhundert, die ganz ähnlich sind:

> Gott bezahlt nicht am Ende jeden Tages. Aber letzten Endes wird er bezahlen.

Für mich ist das eine der schwierigsten Fragen überhaupt. Ich kann nicht begreifen, warum ein heiliger und gerechter Gott den Ungehorsam seiner abtrünnigen Kinder nicht schneller bestraft. Das müßte doch die Wirkung haben, eine gesunde Furcht im Leben derer hervorzubringen, die der Versuchung zum Ungehorsam ausgesetzt sind. Aber obgleich ich es mir nicht erklären kann, muß ich es doch verkündigen: Verzögerte Konsequenzen führen dazu, daß Ehepartner sich trennen.

Das ist komisch, nicht wahr? Wir sind gewohnt, an die Gegenwart zu denken, und leugnen die furchtbaren Auswirkungen, die eine Scheidung letzten Endes auf uns und zweifelsohne auf unsere Kinder haben werden. Aber die Bibel lehrt unzweideutig, daß falsches Handeln sich letzten Endes nicht als der bessere Weg erweisen wird. Gott schaut Ungehorsam nie lächelnd zu. Wir müssen uns darüber im klaren sein: Letzten Endes wird er bezahlen.

Zustimmung anderer Christen

Es gibt einen vierten Grund, warum so viele Gläubige die Ehebindung brechen. Er paßt gut zu dem dritten, mit dem wir uns gerade beschäftigt haben, daß Ehebruch durch Zustimmung anderer Christen ermutigt wird.

Erinnern Sie sich an die Gemeinde in Korinth, wie wenig streng sie mit ihrem Bruder umging, der in Sünde lebte? Lesen Sie den Bericht:

> *Überdies geht die Rede, daß Unzucht unter euch ist, und zwar eine solche Unzucht, von der auch die Heiden nicht zu sagen wissen: daß einer seines Vaters Frau habe.*
>
> *Und ihr seid aufgeblasen und habt nicht vielmehr Leid getragen, auf daß, der diese Tat begangen hat, aus eurer Mitte hinweggetan würde? Ich zwar, der ich mit dem Leibe nicht da bin, doch mit dem Geist, habe schon, als sei ich gegenwärtig, beschlossen über den, der solches getan hat: wenn ihr versammelt seid im Namen des Herrn Jesus und mein*

Geist samt der Kraft unseres Herrn Jesus bei euch ist, wollen wir diesen Menschen übergeben dem Satan zum Verderben des Fleisches, auf daß der Geist gerettet werde am Tage des Herrn. *(1. Korinther 5, 1 – 7)*

Gemeindezucht ist heutzutage fast unbekannt. Die Korinther hatten sich diesbezüglich schuldig gemacht. Unter ihnen befand sich ein Mann, der in Inzucht lebte. Statt nun Gemeindezucht anzuwenden, rühmten sie sich ihrer Toleranz und waren stolz darauf, wie weitherzig sie geworden waren.

So ist es heute allgemein in der westlichen Welt. Nur wenige Gemeinden gehen ernsthaft gegen Ungehorsam in ihren Reihen vor. Wie selten hören wir, daß jemand der Gemeindezucht unterworfen worden ist, weil das Ehegelübde gebrochen wurde! Solche Zustimmung anderer Christen hat zu einem mangelnden Verständnis der Verpflichtung beigetragen.

Eine notwendige Klarstellung

An dieser Stelle sollten wir eine Angelegenheit klarstellen, die selten in Ehebüchern besprochen wird, vor allem nicht in denen, die Treue gegenüber dem Ehegelübde betonen. Es gibt Situationen, die es von einem Ehepaar fordern, sich vorübergehend zu trennen. Aus verschiedenen Gründen — hervorgerufen durch emotionale Störung und Sünde in gefährlichem Ausmaß — gibt es Zeiten, in denen Leben und Gesundheit ernsthaft bedroht sind. In solchen Fällen kann weiteres Zusammenleben zu lebensgefährlichen Schäden und sogar zu einer Tragödie führen.

Es ist nicht zu verantworten, daß unter lebensbedrohenden Umständen ein Ehepartner und hilflose Kinder sich der Brutalität und anderer Formen extremer Mißhandlung von dem anderen Partner aussetzen sollen. In dieser Lage ist die Verpflichtung Christus gegenüber wichtiger als alle anderen Prinzipien, nach denen sich das Familienleben normalerweise gestaltet. Ich befürworte keine Scheidung, aber ich schlage vor, daß man dann Gefahr meiden und sich und die Kinder durch Trennung sichern muß.

Dem andern Partner untertan zu sein, heißt nicht, zum Objekt körperlicher Angriffe, sexueller Perversion und unkontrollierter Wut zu werden. Da der Leib des Gläubigen der Tempel des Heiligen Geistes ist, ist es völlig undenkbar, daß der Herr irgendwelchen Gefallen daran finden könnte, daß unsere Körper von kranken und/oder entarteten Partnern mißhandelt werden, die sich wenig um das Wohlergehen ihrer Familie kümmern und nur an die Befriedigung ihrer pervertierten Lust denken.

Suchen Sie in solchen Krisenzeiten Hilfe! Versuchen Sie, einen christlichen Freund zu finden, der Ihnen helfen kann. Sprechen Sie mit Ihrem Pastor oder einem Seelsorger, der biblischen Rat und Unterstützung leisten wird. Und beten Sie! Beten Sie, daß der Herr die untragbaren Umstände, in denen Sie sich befinden, ändert. Bitten Sie um Befreiung, Sicherheit, Stabilität und Gnade, damit Sie das alles durchstehen können, damit Ihre Ängste beruhigt werden und Sie verantwortlich denken und handeln können.

Was hat David uns zu sagen?

> *Gott, sei mir gnädig, denn Menschen stellen mir nach; täglich bekämpfen und bedrängen sie mich. Meine Feinde stellen mir täglich nach; denn viele kämpfen gegen mich voll Hochmut. Wenn ich mich fürchte, so hoffe ich auf dich. Ich will Gottes Wort rühmen; auf Gott will ich hoffen und mich nicht fürchten. Was können mir Menschen tun? Täglich fechten sie meine Sache an; alle ihre Gedanken suchen mir Böses zu tun. Sie rotten sich zusammen, sie lauern und haben acht auf meine Schritte, wie sie mir nach dem Leben trachten...*
>
> *Dann werden meine Feinde zurückweichen, wenn ich dich anrufe. Das weiß ich, daß du mein Gott bist.*
>
> *Ich will rühmen Gottes Wort; ich will rühmen des Herrn Wort. Auf Gott hoffe ich und fürchte mich nicht; was können mir Menschen tun?* *(Psalm 56, 2 – 7. 10 – 12)*

Machtvolle Worte, auf die wir uns berufen können!

Prinzipien, die zur Verpflichtung helfen.

Bis jetzt ist das, was ich in diesem Kapitel geschrieben habe, mehr negativ als positiv. Jetzt möchte ich den Akzent in die andere Richtung setzen. Betrachten wir mehrere Prinzipien in 1. Korinther 7, die uns zur gegenseitigen Verpflichtung im Eheverhältnis helfen und die Ehebindung stärken. Damit Sie sich diese Prinzipien besser einprägen, wird meine Darstellung kurz und präzise sein. In diesem wunderbaren Kapitel finde ich vier Prinzipien.

Kein Konflikt ist unlösbar

1. Christliche Ehen sind Konflikten ausgesetzt, aber es ist möglich, sie zu lösen.

Sehen wir uns 1. Korinther 7, 28 an:

> *Wenn du aber doch freist, sündigst du nicht, und wenn eine Jungfrau freit, sündigt sie nicht; doch werden sie leibliche Trübsal haben. Ich aber schonte euch gerne.*
>
> *(1. Korinther 7, 28)*

Paulus schreibt voll Mitgefühl. Er möchte uns gerne schonen. Einer seiner Vorschläge ist, daß manche überhaupt nicht heiraten sollen (V. 7. 26). Aber für die meisten von uns ist das nicht der Wille Gottes. Wenn wir heiraten, können wir uns dessen gewiß sein — es wird Zeiten der Auseinandersetzung geben.

Sie dürfen eins nie vergessen: Ein Familienleben ohne Konflikt gibt es nicht. Das letzte Ehepaar, das für immer glücklich lebte, war Schneewittchen und der Prinz. Obwohl Sie sich Ihrem Partner gegenüber verpflichtet haben, wird es immer noch Zeiten der Spannung, der Tränen, des Kampfes, der Auseinandersetzung und Ungeduld geben. Verpflichtung löscht unsere Menschlichkeit nicht aus. Das ist oft unangenehm, aber man muß es realistisch sehen.

Die Gute Nachricht lautet: Mit dem Herrn Jesus Christus, der in Ihnen wohnt, und mit seinem Buch, der Bibel, das mit Lebenshilfen zu unserer Verfügung steht, ist es möglich, jeden Konflikt zu lösen.

Bevor ich das nächste Prinzip nenne, wollen wir Vers 32 bis 35 lesen:

> *Ich möchte aber, daß ihr ohne Sorge seid. Wer ledig ist, der sorgt um des Herrn Sache, nämlich wie er dem Herrn gefalle; wer aber gefreit hat, der sorgt um die Dinge der Welt, nämlich wie er der Frau gefalle, und so ist er geteilten Herzens. Und die Frau, die keinen Mann hat, und die Jungfrau sorgt um des Herrn Sache, nämlich daß sie heilig sei am Leib und auch am Geist; die aber gefreit hat, die sorgt um die Dinge der Welt, nämlich wie sie dem Manne gefalle. Solches aber sage ich zu eurem eigenen Nutzen; nicht, daß ich euch einen Strick um den Hals werfe, sondern dazu, daß es fein zugehe und ihr stetig und unverhindert dem Herrn dienen könnt.*

Das ist Realismus! Wenn Sie verheiratet sind, dann ist es nicht möglich, dem Herrn allezeit »ungeteilten Herzens« zu dienen. Warum? Weil Sie eine *Ablenkung* geheiratet haben! Es sind vor allem die Unterschiede zwischen Ihnen und Ihrem Partner, die das bewirken.

Heutzutage hegt man leicht die falsche Vorstellung, daß Sie und Ihr Partner sich ziemlich gleich sind. Das ist einfach nicht wahr. Hören Sie einen Fachmann:

> In den letzten Jahren ist ein Versuch unternommen worden, zu beweisen, daß Männer und Frauen identisch sind, von der Fähigkeit, Kinder zu gebären, abgesehen. Radikale Feministinnen haben lautstark (und törichterweise) die Ansicht vertreten, daß der einzige Unterschied zwischen den Geschlechtern durch die Kultur und die Umgebung hervorgerufen wird. Nichts könnte weiter von der Wahrheit entfernt sein. Männer und Frauen unterscheiden sich biochemisch, anatomisch und gefühlsmäßig. In Wirklichkeit sind sie in jeder Zelle ihres Körpers einzigartig, denn Männer besitzen eine andere Konfiguration der Chromosomen als Frauen. Es gibt auch beträchtliche Hinweise darauf, daß der hypothamalische Bereich, direkt über der Hirnanhangdrüse im Zentrum des Gehirns, für beide Geschlechter anders geartet ist. Somit liefert der Hypothalamus (als Sitz der Gefühle bekannt) Frauen einen anderen psychologischen Bezugsrahmen als Männern. Außerdem ist das sexuelle Verlangen der Frau in begrenztem Maße zyklisch, nach dem Kalender der Menstruation, während Männer in dieser Hinsicht überhaupt nicht zyklisch bestimmt sind. Diese und andere Merkmale führen zu der unleugbaren Tatsache, daß männliche und weibliche Ausdrucksweisen der Sexualität keineswegs identisch sind. Wenn man diese Unterschiede nicht versteht, führt das zu ständiger Frustration und zu Schuldgefühlen in der Ehe.

Vergessen Sie nie, daß diese Unterschiede zu Konflikten führen — aber im Herrn und unter seiner Herrschaft gibt es keine Konflikte, die nicht lösbar sind.

2. Mit Schwierigkeiten fertigzuwerden ist schwieriger, als einfach fortzugehen.

Lesen wir einige Verse aus 1. Korinther 7:

> *Bist du an eine Frau gebunden, so suche nicht, von ihr loszukommen; bist du los von der Frau, so suche keine Frau.* *(V. 27)*
>
> *Ein jeglicher, liebe Brüder, worin er berufen ist, darin bleibe er vor Gott.* *(V. 24)*
>
> *Den Ehelichen aber gebiete nicht ich, sondern der Herr, daß die Frau sich nicht scheide von dem Manne — hat sie sich aber geschieden, soll sie ohne Ehe bleiben oder sich mit dem Manne versöhnen — und daß der Mann die Frau nicht von sich schicke. Den andern aber sage ich, nicht der Herr: Wenn ein Bruder eine ungläubige Frau hat, und sie ist willig, bei ihm zu wohnen, der scheide sich nicht von ihr. Und wenn eine Frau einen ungläubigen Mann hat, und er ist willig, bei ihr zu wohnen, die scheide sich nicht von ihm.* *(V. 10–13)*

Das offensichtliche Leitmotiv hier ist der Strategie einer Sportgemeinschaft ähnlich: Gebe nicht auf, halte durch, was auch geschieht.

Meine Frau und ich, wir erklären uns mehrmals jedes Jahr unsere gegenseitige Verpflichtung. Wir sorgen dafür, daß wir dabei allein sind; oft übernachten wir außer Haus, wo es bequem und privat ist. Dann sehen wir uns in die Augen und versprechen uns, uns treu zu bleiben. Wir erklären unsere Verpflichtung in Worten. Ich kann nicht erklären, wie und warum das funktioniert, aber irgendwie versichert es einen, wenn das tatsächlich ausgesprochen wird. Wenn unsere Ohren hören, was unsere Münder (von Herzen) sagen, wird unsere Treue neu befestigt.

Eine weitere Tatsache ist: wir haben das Wort Scheidung aus unserem Vokabular gestrichen. Es wird in schwierigen Zeiten nicht erwähnt, es wird nicht als Drohung verwendet, und es wird auch nicht irgendwo in unseren Gedanken für zukünftigen Gebrauch aufbewahrt. Die Bibelverse, die wir gerade gelesen haben, pulsieren geradezu Verpflichtung und Treue:

> »Suche nicht, von ihr loszukommen...«
> »... bleibe...«

»... daß die Frau sich nicht scheide...«
»... daß der Mann die Frau nicht von sich schicke...«

Warum ist es besser, Schwierigkeiten zu durchstehen statt fortzugehen? Mir fallen mehrere Gründe ein:

— Da ist der ständige Rat der Schrift.
— Man wird in seinem Wachstum in Christus gestärkt.
— Schwierigkeiten durchzustehen führt zu notwendigen Veränderungen. Wenn wir fortgehen, bringen wir meistens dieselben Schwierigkeiten in unsere nächste Beziehung mit ein.
— Kinder bleiben in der Familie behüteter, stabiler und im Gleichgewicht. Sie lernen auch, vor Problemen fortzulaufen, wenn sich ihre Eltern so verhalten — oder Schwierigkeiten zu durchstehen, wenn ihre Eltern ihnen ein dementsprechendes Vorbild liefern.

Es läßt sich nicht leugnen, einfach fortzugehen scheint vielleicht die Lösung zu sein. Doch selbst weltliche Fachleute fangen an, das in Frage zu stellen. Nein, es gibt eine bessere Antwort. Werden Sie mit den Schwierigkeiten fertig!

Gott verteidigt selbstlose Treue

3. Seinem Partner gegenüber treu zu sein bedeutet, daß man seine Rechte nicht fordert, sondern sie aufgibt.

Hören Sie sich die folgenden Worte an:

> *Der Mann leiste der Frau die schuldige Pflicht, desgleichen die Frau dem Manne. Die Frau ist ihres Leibes nicht mächtig, sondern der Mann. Desgleichen der Mann ist seines Leibes nicht mächtig, sondern die Frau.* *(1. Kor. 7, 3 – 4)*

Einige dieser Worte durchbohren uns tief, nicht wahr? Pflicht. Autorität. Die Selbstsüchtigkeit in uns haßt solche Worte. »Ich habe meine Rechte!« sagt die befreite Frau von heute. »He, ich möchte nicht gebunden sein!« ruft der männliche Kerl. Keine Ehe kann mit einer solchen Philosophie gedeihen.

Gott hat einen besseren Weg: Geben Sie Ihre Rechte auf. Legen Sie Ihre Waffen nieder. Entspannen Sie Ihren Griff um die Dinge, für die Sie gekämpft haben. Übergeben Sie das Risiko dem Herrn. Trauen Sie ihm, daß er Sie verteidigen wird und es verhindern kann, daß Sie ausgenutzt werden. Ich sage das den Ehegatten genauso wie den Ehefrauen. Das Aufgeben der Rechte geschieht idealerweise gemeinsam — es ist ein Duett und kein Solo.

Treue verherrlicht Gott

4. Das höchste Ziel im Leben des Christen ist nicht, glücklich zu sein, sondern Gott zu verherrlichen.

Das ist eine der wichtigsten Erkenntnisse, die Gott mir je geschenkt hat. Wenn Sie darüber lange genug und tief genug nachdenken, dann wird das Ihr Leben revolutionär verändern. Das ist mit mir geschehen. Sie beruht auf den letzten beiden Versen in 1. Korinther 6 und führt zur Treue.

> *Oder wisset ihr nicht, daß euer Leib ein Tempel des heiligen Geistes ist, der in euch ist, welchen ihr habt von Gott, und seid nicht euer eigen? Denn ihr seid teuer erkauft; darum so preiset Gott an eurem Leibe.* *(V. 19 – 20)*

Zwei wichtige Gedanken verdienen unsere volle Aufmerksamkeit:

> Ich gehöre nicht mir selbst. Ich soll Gott verherrlichen.

Wenn es möglich wäre, einen leitenden, alles umfassenden Gedanken aus diesem Kapitel in Beton zu gießen, dann wäre er in diesen beiden Sätzen enthalten. Bitte lesen Sie sie noch einmal.

Unser letztes Ziel, unsere höchste Berufung im Leben ist, Gott zu verherrlichen — nicht, glücklich zu sein. Lassen Sie das einmal in Ihren Verstand einsinken! Ihn zu verherrlichen, ist unser größtes Leben. Nicht erfüllt zu sein. Nicht einmal, geliebt oder anerkannt zu werden. Nicht einmal, daß sich jemand um Sie kümmert. All das ist zwar wichtig, aber es ist nicht von primärer Bedeutung.

Wenn ich ihn verherrliche, dann wird er dafür sorgen, daß alle meine wichtigen Bedürfnisse befriedigt werden ... oder sie werden immer weniger als Bedürfnisse empfunden. Glauben Sie mir, dieses Konzept wird die ganze Perspektive Ihrer eigenen Persönlichkeit, Ihres Lebens und Ihrer Ehe verändern.

11 Nicht nur älter werden

Das Altern ist ein Vorgang, dem wir uns nicht entziehen können. Wenn wir uns der Wirklichkeit des Alterns bewußt werden, ereignen sich seltsame Dinge.

Wenn wir gerade angefangen haben, genug Geld zu verdienen, um die Bedürfnisse unserer Familie erfüllen zu können, sind die Kinder erwachsen und nicht mehr zu Hause. Wenn wir genug Weisheit angesammelt haben, um sie an die nächste Generation weiterzugeben, hört uns keiner mehr zu (außer unseren Enkeln — Gott segne sie!). Haben Sie gemerkt, wie schnell die Jahre vorüberziehen? Es wird einem schwindelig dabei.

Vielleicht kann man uns unser Alter nicht ansehen, und vielleicht werden wir im Alter netter. Trotzdem werden wir älter. Und das Alter bringt Entwicklungen mit sich, die man kontrollieren muß. Die entscheidende Frage lautet: Wenn wir älter werden, können wir dann auch besser werden? Wenn die Kinder das Nest verlassen haben, und die zwei Menschen, die vor 25 bis 35 Jahren ihre Flitterwochen zusammen verbracht haben, fangen wieder »von neuem« an — wie können sie Erfüllung und Freude finden? Wie können sie die Beziehung ihrer jungen Herzen in den »Nachmittagsjahren« des Lebens bewahren?

In unserer Zeit gibt man sich viel Mühe, die schönen alten Gebäude des vorigen Jahrhunderts zu restaurieren. Monatelang arbeiten Handwerker und stolze Besitzer hart daran (und geben Tausende aus), alte Bauten zu renovieren und zu erhalten. Wenn Vernachlässigung und Zerfall aufhören, kehrt die alte Schönheit zurück. Ja, diese Häuser erhalten nicht nur ihren alten Glanz, sie werden noch besser — im wörtlichen Sinne!

Gott wünscht unsere Wiederherstellung

Das Verständnis und die Anwendung der Richtlinien Gottes für die Wiederherstellung einer alternden Ehe kann Sie in der neuen Situation bewahren. In den letzten beiden Kapiteln des Predigers nennt uns Salomo mehrere Richtlinien, denen jedes Ehepaar folgen muß, wenn sie »besser werden« wollen, je älter sie werden.

Alt werden oder aufwachsen

Zunächst müssen wir zwischen »alt werden« und »aufwachsen« unterscheiden. Das ist nicht dasselbe. Alt werden erfordert nichts weiter, als daß die Zeit vergeht. Aufwachsen erfordert sehr viel Disziplin.

Um aufzuwachsen, müssen Sie in Bereichen Ihres Lebens kämpfen, in denen Sie unverantwortlich handeln, töricht denken und sich unreif benehmen, ob Sie nun 15 oder 105 Jahre alt sind. Wir müssen manchmal ein Kind oder einen Teenager, der sich daneben benimmt, daran erinnern: »Du bist doch schon alt genug. Benimm dich so, wie es sich für dein Alter gehört.« Manchmal müssen wir uns selbst ähnlich zureden, auch wenn wir 50, 60 oder 70 Jahre alt sind. Unreife tritt oft zum Vorschein, wenn ein Ehepaar feststellt, daß die Kinder das Haus verlassen haben und sie zum ersten Mal seit ihren Flitterwochen wieder allein zusammen sind.

Das trifft den Nagel auf den Kopf:

> Wenn zwei Eltern sich von ihrem letzten Kind verabschieden, beginnt eine der schwierigsten Zeiten der Anpassung in der Ehe. Zwei Wege stehen ihnen offen. Sie können die Situation als ein schönes Geschenk des Lebens annehmen, um neue Höhen ehelichen Glücks zu erforschen — oder sie begeben sich auf einen Weg wachsender Einsamkeit, Bitterkeit und neurotischen Verhaltens.

Manche Leute sind überrascht, wenn sie feststellen, daß sehr viele Ehepaare, die sich scheiden lassen, mehr als zwanzig Jahre verheiratet waren. Daran erkennen wir, daß sie älter, aber viele von ihnen nicht besser geworden sind. Sie haben beschlossen, sich nicht anzupassen und diese kritische Zeit Ihrer Ehe durchzustehen.

Altersversicherung

In diesem Kapitel möchte ich Ihnen eine Versicherung für Ihr Familienleben anbieten. Die Prämie wird nicht in DM ausgezahlt, der Preis aber ist sehr hoch. Er besteht darin, daß Sie aufwachsen. Die Einzelheiten des Vertrags können Sie im 11. und 12. Kapitel des Predigers nachlesen. Wir werden uns die Bibelstelle rückwärts ansehen: zuerst Kapitel 12, dann Kapitel 11. (Da ich Linkshänder bin, paßt mir das sehr gut.)

In Kapitel 12 bereitet Salomo den Höhepunkt vor. Unmißverständlich weist er daraufhin: »Wir werden älter.« In Kapitel 11 spricht er davon, wie man besser leben kann, auch wenn man älter wird. Unsere Diskussion fängt also mit dem letzten an und beschäftigt sich dann damit, wie man sich darauf vorbereitet. Danach finden wir fünf Richtlinien, wie man jünger bleibt, wenn man älter wird.

Das letzte im Leben: Hohes Alter

Prediger 12 ist eine der realistischen Passagen in der Bibel. Sie gefällt mir wegen ihrer bildhaften Symbole und ihren manchmal humorvollen Aussagen.

> *Denk an deinen Schöpfer in deiner Jugend, ehe die bösen Tage kommen und die Jahre sich nahen, da du wirst sagen: »Sie gefallen mir nicht.«* *(V. 1)*

Direkte Warnung

Beachten Sie, daß das Kapitel mit einem Gebot beginnt: »Denk an...« Gott will, daß Sie und ich an ihn denken. Wir sollen an den denken, der uns geschaffen hat, und zwar am besten, wenn wir noch jung sind, während unserer Wachstumsjahre — und diese Jahre hören nie auf, weil wir nie völlig reif werden. Warum so früh? Weil wir sonst in unseren späteren Jahren auf unser Leben zurückblicken und uns nicht daran freuen. Wenige Menschen sind so bitter und einsam wie diejenigen, die allein alt geworden sind, weit vom Herrn entfernt, und die vom Leben enttäuscht sind. Vers 2 beschreibt die Schwermut und Depression:

> *...ehe die Sonne und das Licht, Mond und Sterne finster werden und Wolken wiederkommen nach dem Regen...*

Hier in Südkalifornien schauen wir nach einem Regensturm auf die Berge, um den schönen Anblick zu genießen. Was für ein herrliches Bild! Helle weiße Berggipfel ragen hoch empor. Die Sicht ist klar. Aber das ist nicht das Bild, das hier gezeichnet wird. Hier erkennen wir eine alte Person, die sich in Bitterkeit verschlossen hat, und die Wolken bringen statt Erfrischung einen dunklen Sturm nach dem anderen.

Das ist erschütternd. Ich meine den herzzerbrechenden Anblick eines einsamen, leeren, zerbröckelnden Lebens, das von Bitterkeit und Zynismus zernarbt ist. Salomo warnt: Paßt auf! Richtet euer Augenmerk auf den Herrn!

Das hohe Alter entschleiert

Dann beschreibt der König der Antike das hohe Alter:

> *... zur Zeit, wenn die Hüter des Hauses zittern...*

Das beschreibt die zitternden Lippen einer alten Person.

> *... und die Starken sich krümmen...*

Das ist ein Bild gekrümmter Beine und eines gebeugten Rückens im hohen Alter.

> *... und müßig stehen die Müllerinnen, weil es so wenige geworden sind...*

Sie haben bloße Kiefern, statt Zähne. Das hohe Alter beraubt uns unseres Elfenbeins!

Als ich vor einigen Tagen in einem Lebensmittelgeschäft war, sah ich, wie ein älterer Mann Dosen mit Babynahrung in seinen Wagen lud. Ich dachte: »Was für ein guter Großvater. Er kauft diese Babynahrung, damit seine Enkelkinder nicht zu hungern brauchen.« Mit einem freundlichen Lächeln ging ich auf ihn zu und sagte: »Sie kümmern sich wirklich um die Babys, nicht wahr?«

»Welche Babys?« murmelte er. »Die sind für mich!« Lebensmittelhändler werden bestätigen, daß ältere Leute oft genausoviel Babynahrung kaufen wie junge Eltern, einfach deshalb, weil sie nicht mehr kauen können. Ihr Problem besteht darin, daß »die Müllerinnen müßig stehen«.

> *... und wenn finster werden, die durch die Fenster sehen...*

Die »Fenster« sind Ihre Augen. Sie wissen, was geschieht: Je älter Sie werden, um so dicker die Linsen und um so kleiner die Augen dahinter. Ich weiß darüber gut Bescheid. Ich trage eine Brille, deren Linsen so dick sind, daß ich, wenn ich auf eine Kanzel steige, um zu predigen, darauf achthaben muß, nicht in helles Rampenlicht zu blicken, weil sonst meine Pupillen zu rauchen anfangen!

... und wenn die Türen an der Gasse sich schließen, daß die Stimme der Mühle leiser wird...

Sie fangen an, taub zu werden. Sie können die Mühle nicht mehr so gut hören wie einst. Ihr Lieblingssatz lautet: »Wie bitte?«

... wenn sie sich hebt, wie wenn ein Vogel singt, und alle Töchter des Gesangs sich neigen...

Schlaflosigkeit. Eine Ehepaar geht um 19.30 Uhr ins Bett und kann nicht begreifen, warum es nicht bis 8.00 Uhr morgens durchschlafen kann. Um 3.00 Uhr früh wachen sie auf, weil die Uhr im Wohnzimmer dreimal geschlagen hat. Leichter Schlaf gehört zum Alter. Es ist seltsam, nicht wahr? Sie können tagsüber nicht viel hören, und nachts scheint alles verstärkt zu klingen.

... wenn man sich vor Höhen fürchtet und sich ängstigt auf dem Wege...

Hier wird das Problem der Höhenangst beschrieben. Je älter wir werden, je ängstlicher werden wir vor hohen Orten, eingeschlossenen Räumen, langen Reisen oder großen Menschenmengen.

... wenn der Mandelbaum blüht...

Vielleicht ist das ein Bild von ergrauendem Haar. Aus der Entfernung betrachtet sieht ein blühender Mandelbaum schneeweiß aus.

... und die Heuschrecke sich belädt...

Ihre Gelenke sind steif. Es ist das Bild eines alten Mannes, der seine steifen Glieder kaum fortbewegen kann.

... und die Kaper aufbricht...

Das bezieht sich wohl auf sexuelle Impotenz, vielleicht auch den wachsenden Mangel an Appetit. Letzten Endes erfahren wir beides.

... ehe der silberne Strick zerbricht...

Jetzt wird es besonders ernst. Hier ist von einem Schlag die Rede, der den silbernen Strick des Lebens zerbrochen hat.

Denk an ihn ... ehe die goldene Schale zerbricht ...

Hier handelt es sich um Gedächtnisschwund. Die goldene Schale ist vermutlich ein Hinweis auf unser Gehirn, das in seinem Leben soviele Daten gespeichert hat. Aber im Alter verlieren wir unser Gedächtnis. Wir vergessen Namen, Orte, an denen wir waren. Wir verlieren unsere Orientierung.

... der Eimer zerschellt an der Quelle, und das Rad zerbrochen in den Brunnen fällt.

Herzversagen und Kreislaufprobleme werden angesprochen. Schließlich ist vom Ende die Rede:

Denn der Staub muß wieder zur Erde kommen, wie er gewesen ist, und der Geist wieder zu Gott, der ihn gegeben hat.

Der Höhepunkt dieses Kapitels ist der Endpunkt des Lebens — der Tod.

Kindliche Versuche, jung zu bleiben

Prediger 12 erinnert jeden, der älter wird, realistisch zu leben. Die Fernsehreklame lügt. So romantisch es klingen mag, vielleicht werden Sie mit der Zeit tatsächlich besser, aber Sie werden auch älter. Wenn man das leugnet, lebt man in einer Phantasiewelt. Ich kenne nichts Hirnverbrannteres als jene alten Männer, die ihre Frauen nach langer Ehe verlassen und sich jüngeren Mädchen zuwenden. Sie wollen damit sagen: »Bei mir klappt es noch.« Es ist töricht, und doch geschieht das ständig.

Noch dümmer sieht es aus, wenn eine alternde Großmutter sich wie ein Schulmädchen kleidet. Krampfadern und Miniröcke passen nicht zusammen. Eine ältere Frau besitzt solange Würde und Schönheit, bis sie versucht, ein Teenager zu sein. Und niemand lacht lauter über dieses Schauspiel als die Teenager selbst. »He, guck dir die einmal an. So etwas Verrücktes.« Solche Menschen schaffen es nicht, den Altersunterschied zu überbrücken — sie steigern ihn vielmehr.

Das beste, was eine ältere Person tun kann, ist ganz freimütig zuzugeben: »Ich werde älter.« Mir gefällt jene Bemerkung, die ich von einer Frau gehört habe: »Der schönste Tag meines Lebens war, als ich aufhörte zu versuchen, zwanzig Jahre jünger auszusehen, als ich wirklich bin, und beschloß, ich selbst zu sein. Gott hat meinem silbernen Haar besondere Schönheit verliehen.« Das ist das beste Kompliment, das Sie sich selbst machen können. Leben Sie mit der Tatsache, daß Sie so alt sind, wie Sie es sind. Und bitten Sie Gott, dabei fröhlich zu bleiben.

Ihre Kinder werden Ihnen helfen, sich daran zu erinnern. Eines Tages fuhr ich mit meiner jüngsten Tochter zusammen im Auto. Sie sang ein kleines Lied, das sie in der Schule gelernt hatte und das etwa so lautet:

> Ganz gleich, wie klein die Pflaume ist,
> sie ist stets voller Falten,
> Doch hat sie lange nicht so viel,
> wie ihr Papa und alle Alten.
> Ganz gleich, wie klein die Pflaume ist,
> sie ist stets voller Falten.

Daheim angekommen, stieg sie aus dem Wagen, schlug die Tür zu, sah mich an und sagte: »Vergiß nicht, Papa, daß ich die kleine Pflaume bin. Du bist der Papa.« Damit hüpfte sie fort. Ich blickte in den Rückspiegel und dachte: »Sie hat tatsächlich kaum halbsoviele Falten wie ich.« Das ist wahr. So sieht es in Wirklichkeit aus.

Unterstützung für die Zukunft

Der Mann oder die Frau, die Angst davor haben, älter und weniger attraktiv zu werden, brauchen viel Unterstützung von ihrem Partner. Manchmal findet im Herzen des Menschen eine Tragödie statt, der meint, er kann seinen Partner nur durch äußere Schönheit halten. Damit soll natürlich nicht gesagt werden, daß wir im Alter häßlich werden sollen. Wir sollen uns pflegen, aber wir müssen auch der Natur ihren Lauf lassen.

Wenn Sie dieser Realität klar ins Gesicht sehen, können Sie Gefahrensignale erkennen, die signalisieren, daß Sie alt werden und die Berührung mit der Wirklichkeit verlieren. Hierzu gehören schlechte Kommunikation, Mangel an Anpassungsfähigkeit, die Weigerung zu diskutieren und hier oder dort nachzugeben. Reife Menschen sind nicht stur; dennoch sind einige der stursten Menschen, die ich kenne, in den sechzigern oder siebziger Jahren. Sie sind nie richtig aufgewachsen. Reife Menschen mögen tiefe Überzeugungen hegen, aber sie sind offen, tolerant, gütig und freundlich. Ihr Geduldsfaden reißt nicht so schnell. Sagen Sie nicht: »Gott hat mich nun einmal so geschaffen.« Gott will sie *neu* schaffen. Ihre alte Natur macht Sie zu dem, was Sie sind. Die neue Natur will Sie zu einer neuen Kreatur machen.

Fünf hilfreiche Richtlinien

Zum Schluß dieses Kapitels wollen wir auf die Richtlinien hinweisen, die ich früher erwähnt habe. Außer der ersten sind sie alle in Prediger 11 zu finden.

Schauen Sie der Wirklichkeit ins Gesicht

Die erste Richtlinie zum Altern lautet: Leben Sie im Bewußtsein der Wirklichkeit. Ich habe darauf in diesem Kapitel immer wieder hingewiesen: Sie werden älter. Jetzt sollten Sie sich die Frage stellen: »Wie kann ich mich weiter entwickeln? Wie kann ich weiter wachsen? Wie kann ich weiterhin mit der Wirklichkeit in Berührung bleiben?«

Diese schwierigen Fragen werden Ihnen helfen, realistisch zu leben.

Genießen Sie das Leben, indem Sie geben

Die zweite Richtlinie, die Ihnen helfen wird, zugleich älter und besser zu werden, lautet: Geben Sie großzügig.

> *Laß dein Brot über das Wasser fahren; denn du wirst es finden nach langer Zeit. Verteile es unter sieben oder unter acht; denn du weißt nicht, was für Unglück auf Erden kommen wird.* *(Pred. 11, 1–2)*

Weise Worte von einem weisen Mann, besonders für uns geschrieben, die wir älter werden. Was will er sagen? Wir könnten es so umreißen:

Gib großzügig, denn deine Gaben werden später zu dir zurückkehren. Verteile deine Gaben an viele, denn in der Zukunft wirst du vielleicht selbst viel Hilfe brauchen.

Diese beiden Verse sind an die gerichtet, die etwas von den Gütern dieser Welt haben, damit sie es mit anderen teilen und es nicht alles für sich behalten. Die glücklichsten alten Leute, die ich kenne, geben großzügig an andere. Denken Sie nicht, daß Sie sich, wenn Sie es jetzt behalten, ihres Reichtums in dem Leben Ihrer Kinder erfreuen können, nachdem Sie nicht mehr da sind. Erfreuen Sie sich dessen lieber schon jetzt.

Aber ich glaube, daß es in diesen Versen um mehr geht als nur um das liebe Geld. Natürlich gehört das Geld dazu, aber der Vers will auch sagen: »Geben Sie sich selbst. Bleiben Sie mit dem Hauptstrom des Lebens in Berührung. Lassen Sie Großzügigkeit das Merkmal Ihres Lebens sein. Lassen Sie es von sich fließen.« Wenn wir uns zurückziehen, unsere Türen schließen, unsere inneren Lichter abschalten und in selbstsüchtigem Schweigen sitzen, schrumpfen wir zu den elendesten Menschen auf Erden zusammen.

In diesem Zusammenhang besteht oft die Gefahr, daß Eltern nicht gewillt sind, ihre älteren, unverheirateten Kinder freizugeben. Sie sind vielleicht 25, 30 oder 40 Jahre alt, unverheiratet und in einer Zwickmühle in Bezug auf ihr Verhältnis zu ihren Eltern.

In meiner eigenen Familie bereite ich uns jetzt darauf vor. Ich wurde durch ein ausgezeichnetes Buch von Charlie Shedd dazu angeregt, einige Ziele für meine Kinder niederzuschreiben. Schritt um Schritt werde ich ihnen, je älter sie werden, mehr Freiheit und Verantwortung geben. Ich werde keinen neuen Schritt wieder zurücknehmen. Wenn sie eine bestimmte Reife erlangt haben (nicht Alter, sondern *Reife),* werde ich ihnen ihre eigene Unabhängigkeitserklärung geben. Ich will ihnen endgültig und offiziell mitteilen, daß sie jetzt auf sich selbst gestellt sind.

Von einem Telefonanruf, einem Händeschütteln oder sonst einem gelegentlichen Kontakt abgesehen (was mich zu Tode begeistern würde), sind sie jetzt auf sich selbst gestellt und vor Gott für ihr Leben selbst verantwortlich. Ich bin da und stehe ihnen zur Verfügung, aber ich bin nicht mehr ihr Familienoberhaupt.

Denken Sie einmal darüber nach. Wenn Sie sich selbst geben, dann geben Sie doch auch Ihre Kinder frei, damit sie sich nicht fragen müssen: »Wie steht es eigentlich um meine Beziehung zu meinen Eltern?« Lassen Sie sie wissen, daß sie jetzt auf sich selbst gestellt sind. Ermutigen Sie sie darin. Es wird Ihnen helfen, Ihr sogenanntes Leid darüber, daß Sie Ihre »Kinder verlieren«, zu überwinden. Und Sie und die Welt werden einen verantwortlichen, zielbewußten Bürger gewinnen.

Bleiben Sie aktiv!

Drittens soll man sich ans Alter bewußt anpassen. Lesen Sie Vers 3:

> *Wenn die Wolken voll sind, so geben sie Regen auf die Erde, und wenn der Baum fällt — er falle nach Süden oder Norden zu — wohin er fällt, da bleibt er liegen.*

Salomo zeigt uns die unabänderlichen Gegebenheiten des Lebens. Aus Wolken wird Regen fließen, Bäume werden fallen. Dann gibt er uns folgenden Ratschlag:

> *Wer auf den Wind achtet, der sät nicht, und wer auf die Wolken sieht, der erntet nicht.* *(V. 4)*

Wenn die Wolken voller Regen vorüberziehen, dann wird es regnen. Wenn der Baum abgehackt wird, wird er fallen und am Boden liegen bleiben. Wenn Sie sich ständig nur mit den unvermeidlichen, den offensichtlichen und endgültigen Dingen des Lebens abgeben, dann werden sie zu einer langweiligen Person, die letzten Endes stirbt. Sie werden nicht einmal säen und auf keinen Fall ernten.

Wenn Sie sich bewußt an Ihre Situation anpassen, dann machen Sie Pläne, um etwas Vernünftiges zu tun. Ein älterer Mann, der gerade pensioniert worden war, wurde von einem jungen Freund gefragt: »Was hast du jetzt vor?«

»Nun, in meinem ersten Jahr werde ich einen Schaukelstuhl kaufen, um ihn in die Eingangshalle zu stellen«, seufzte der ältere Herr.

»Das ist großartig. Was wirst du im zweiten Jahr machen?«

»Ich werde darin schaukeln.«

Im Schaukelstuhl zu sitzen und sein Leben fort zu schaukeln, ist das Gleiche, wie den Wolken beim Regen zuzuschauen und dem Baum, wenn er umfällt. Das ist alles unvermeidlich. Es bedeutet, daß man weder sät noch erntet. Wenn ich an meine Pensionierung denke, so muß ich denken: »Endlich ist deine Chance gekommen! Du wirst genug Freizeit haben, um wirklich etwas zu tun!« Sie sind durch keine Verpflichtungen mehr gebunden. Gott hat Ihnen genug Zeit geschenkt, sich darum zu bemühen, wirklich etwas zu erreichen — wenn Sie dazu bereit sind, sich anzupassen.

Denken Sie nicht, daß ältere Leute sich einfach aufs Altenteil setzen sollen. Vier bedeutende Dichter, die mehr als achtzig Jahre alt wurden, leisteten in den letzten zehn Jahren ihres Lebens mehr als zwischen ihrem 20. und 30. Lebensjahr. William Gladstone lernte im Alter von siebzig eine weitere Sprache und wurde zum vierten Mal im Alter von 83 britischer Premier. Im Alter von 83! Alfred Lord Tennyson schrieb *Crossing the Bar* im Alter von achtzig, und John Wesley war 88 und predigte immer noch jeden Tag, ohne etwas von seinem Erfolg, seiner Redekraft und Popularität eingebüßt zu haben. Im Alter von 88! Jeden Tag! Michelangelo malte sein berühmtes Gemälde *Das jüngste Gericht* im Alter von 66 Jahren.

Waren das genug Beispiele? Lesen Sie einmal die folgenden Bemerkungen von J. Oswald Sanders:

> Der verstorbene C. H. Nash, der das Melbourne Bibelinstitut gegründet und über tausend junge Männer und Frauen für den christlichen Dienst ausgebildet hat, ging im Alter von 70 Jahren in die Pension und gab die Leitung des Instituts auf. Im Alter von 80 Jahren erhielt er vom Herrn die Gewißheit, daß ihm noch zehn Jahre fruchtbaren Dienstes bevorstehen würden. Diese Gewißheit erfüllte sich vollends. Während dieser Jahre war er besonders als Bibellehrer für Schlüsselgruppen von Geistlichen und Laien gesegnet — wahrscheinlich die fruchtbarsten Jahre seines Lebens. Als er fast neunzig Jahre alt war, fand ihn der Verfasser bei der Lektüre des sechsten Bandes des monumentalen Geschichtswerks von Toynbee zum Zweck einer geistigen Übung.
>
> Benjamin Ririe wurde als Missionar der China Inland Mission im Alter von siebzig Jahren pensioniert. Als er achtzig wurde, beschloß er, neutestamentliches Griechisch zu erlernen (Griechisch! Als ich damit anfing, war ich in meinen zwanziger Jahren und ich hatte Schwierigkeiten, damit fertig zu werden!) Er aber lernte, das griechische Neue Testament zu lesen (im Alter von 80!). Im Alter von 90 belegte er einen Wiederholungskursus für neutestamentliches Griechisch. Als er 100 war, besuchte er eine Versammlung, in der der Verfasser eine Ansprache hielt. In seiner Tasche befand sich ein kleines, vielbenutztes griechisches Lexikon, das er dazu gebrauchte, bei Fahrten in öffentlichen Verkehrsmitteln sein Griechisch zu üben!

Und viele Leute meinen, mit ihrer Pensionierung sei alles zu Ende. Die Bibel ist voller Illustrationen, wie die älteren Menschen die jüngeren lehren sollen.

Wenn wir das tun wollen, müssen wir jede Routine vermeiden. Passen Sie sich der Situation an, in der Sie sich jetzt befinden. Das Alter ist schwierig, aber wenn Sie an die Alternative denken, dann ist es doch nicht so schlimm.

Vertrauen Sie auf Gott: Er macht keine Fehler!

Viertens: Vertrauen Sie ohne Furcht.

> *Gleichwie du nicht weißt, welchen Weg der Wind nimmt und wie die Gebeine im Mutterleibe bereitet werden, so kannst du auch Gottes Tun nicht wissen, der alles wirkt.* *(V. 5)*

Sie kennen den Weg des Windes nicht, genauso ist Ihnen auch der Plan Gottes unbekannt. Deshalb sagt Salomo:

> *Am Morgen säe deinen Samen, und laß deine Hand bis zum Abend nicht ruhen; denn du weißt nicht, was geraten wird, ob dies oder das, oder ob beides miteinander gut gerät. (V. 6)*

Hier werden wir zärtlich mit der Wirklichkeit in Berührung gebracht. Salomo sagt: »Bau dein Leben auf der einzigen Sicherheit auf, die es gibt, und das ist der lebendige, aktive Gott.« Nichts wird ein Leben jünger erhalten als die Berührung mit dem Hauptstrom der Aktivität Gottes. Dazu gehört, daß man Verluste erleidet und sich an Gewinnen erfreuen kann.

Ich konnte sehr gut verstehen, was Catherine Marshall nach dem Tod ihres gottestreuen Mannes Peter schrieb. In recht jungem Alter (er war erst 47) durch einen tödlichen Herzschlag gestorben, hatte Peter Marshall als Geistlicher während seines Lebens einen Einfluß auf den Kongreß und die Regierung in Washington wie keiner nach ihm. Plötzlich war er nicht mehr da. Sie beschrieb, wie sie ihren Kummer überwand. Sie war schließlich absolut davon überzeugt, sich im Kummer zu verlieren, führt zu einer selbstsüchtigen Handlung des Selbstmitleids, die ausdrückt: Ich akzeptiere die Tatsache nicht, daß er meinen Partner zu sich genommen hat. Als sie das erkannte, wandte sie sich dem Schreiben zu. Und viele sind durch Catherine Marshalls Feder gesegnet worden.

Was ist die Alternative? Einfach da zu sitzen und allein zu leben? Salomo sagt dazu: »Säe deinen Samen am Morgen, und sei am Abend nicht untätig.« Wir sollen jetzt pflanzen und säen, und darauf vertrauen, daß Gott später etwas daraus zu seinem Ruhm erwachsen läßt.

Ich kann mich lebhaft an meinen Großvater erinnern. Dieser gute Mensch war in der kleinen Stadt, in der er wohnte, allen bekannt als Richter. Aus irgendeinem Grund nahm Gott seine liebe Frau, die Mutter meiner Mutter, im Alter von 63 zu sich, sehr viel früher als ihn. Mein Großvater schnürte sich seinen Gürtel enger und machte weiter. Eines von dem, was er dann tat, war, daß er sich mehr mit mir beschäftigte. Ich werde es nie vergessen. Wenn wir in der Bucht angelten oder in seinem Haus saßen, legte er seinen Arm um mich und erzählte mir von seinem Leben und von den Dingen, die er gelernt hatte. Er gab mir so viel von seinem Leben.

Als meine Frau und ich heirateten, brauchten wir für unser erstes Haus finanzielle Unterstützung. Raten Sie, wer uns zu Hilfe kam! Mein Großvater! Ich zahlte das Geld langsam aber sicher zurück. Er ahnte wenig davon, welche Bedeutung die Investition seines Lebens in das meine hatte. Er hätte zu einem einsamen Einzelgänger werden können, sich in sein riesiges Haus einschließen und in Selbstmitleid sterben können. Aber er glaubte an einen souveränen Gott, der keine Fehler macht.

Ich kenne eine Frau, die einst voller Kummer an dem Grab ihres Mannes stand. Plötzlich wurde ihr bewußt: »Es ist ja gar kein Leben hier. Warum weinen so viele von uns an Grabsteinen?« Sie beschloß vor Gott: »Das wird mein Dienst sein.« Sie wurde eine »Friedhofevangelistin« und besucht Leute, die zu den Gräbern zurückkehren, um zu versuchen, mit den Toten zu sprechen. Ihr lebendiger Glaube an Christus führte sie dazu, viele ins Leben zurückzuführen, die sich im Kummer eingeschlossen hatten. Das ist ihr Dienst. Sie wird daher älter und immer besser.

Sie sind nie zu alt, um sich zu freuen

Es gibt noch ein weiteres Prinzip des Altwerdens. Wir finden es in Vers 7: Freuen Sie sich täglich.

Es ist das Licht süß, und den Augen lieblich, die Sonne zu sehen.

Das heißt, daß es gut ist, noch am Leben zu sein. Es ist gut, daß man noch aufblicken und die Sonne sehen kann, auch wenn sie vielleicht verschwommen ist. Vers 8 fügt hinzu:

Denn wenn ein Mensch viele Jahre lebt, so sei er fröhlich in ihnen allen.

Da haben Sie es: Freuen Sie sich jeden Tag! Wenn Sie nichts wissen, worüber Sie sich freuen können, denken Sie sich etwas aus. Bitten Sie Gott darum.

Eines Tages sagte ich zu meiner Frau: »Liebling, ich hoffe, daß ich nie zu alt sein werde, um mich über das Leben zu freuen.«

Sie antwortete: »Das wird dir nicht passieren, auf gar keinen Fall.«

Die größte Freude meines Lebens ist einfach das Leben — Predigen, Schreiben, Lachen, Studieren, im Leben meiner Familie und im Leben anderer zu investieren. Es ist eine Freude, jung zu bleiben und dabei zu sein im Leben anderer Menschen.

Das schlimmste, was ich tun könnte — mit all dem, was ich in meinem Leben gewonnen habe — wäre, mir eine Höhle zu graben und darin zu verschwinden, um auf meinen Tod zu warten. Es geschieht draußen einfach zuviel.

Diese Richtlinien sollen uns helfen, das zu vermeiden. Schreiben Sie sie auf und prägen Sie sich regelmäßig neu ein:

Leben Sie realistisch.
Geben Sie großzügig.
Passen Sie sich an.
Vertrauen Sie ohne Furcht.
Freuen Sie sich täglich.

Nehmen Sie dieses Rezept zweimal täglich zur Hand. Wer weiß, vielleicht werden Sie hundert Jahre alt werden.

Und jedes Jahr werden Sie ein besserer Mensch sein.

12 Das Nest ist leer

Von allen Geschöpfen auf Erden haben die Menschen es am schwersten mit einem leeren Nest. Bärenmütter haben anscheinend Schwierigkeiten, sich von ihren Jungen zu verabschieden, wenn sie sich davonmachen, um ihr eigenes Leben zu gestalten. Hunde leiden nicht an Depressionen, wenn ihre Jungen eigene Wege gehen. Das gilt auch für Pferde und ihre Fohlen, Kaninchen und Adler. Aber beim Menschen verhält es sich ganz anders.

Fünf Phasen einer Ehe

Ehen entwickeln sich in verschiedenen Phasen, und jede Phase hat ihre besonderen Probleme und Anforderungen:

1. Die Gründung der Familie, von der Ehe bis zur Geburt des ersten Kindes.
2. Kinderhütung. Von der Geburt des ersten Kindes bis das erste Kind die Schule besucht.
3. Kindererziehung. Von dem Schuleintritt des ersten Kindes bis dieses Kind die Universität besucht und/oder von zu Hause wegzieht.
4. Trennung von den Kindern. Von der Zeitspanne, wo das erste Kind das Haus verläßt bis zum letzten.
5. Das leere Nest. Wenn die Eltern allein sind, bis zum Tod eines der Partner.

In diesem Kapitel möchte ich kurz über die letzte Phase nachdenken. Sicher stellen die ersten vier Phasen viele Anforderungen, die manchmal so schwer sind, daß man überhaupt nicht weiß, wie es weitergehen soll. Es gibt jedoch viele andere Gefahren, die eine Ehe bedrohen, wenn sich das Nest leert.

Anpassung an das leere Nest

Es erfordert keine außergewöhnliche Brillianz, um die Probleme dieser Phase der Ehe zu nennen. Ich möchte mehrere aufführen.

Abnahme an physischer Attraktivität

Körperlich kann man uns unser Alter immer mehr ansehen. Alles fängt an, sich zu senken und herabzuhängen! Erma Bombeck drückte es ausgezeichnet aus: »Ich habe noch alles, was ich vor 25 Jahren hatte, nur ist es jetzt alles 20 Zentimeter tiefer.«

All das wirkt sich in diesen Jahren katastrophal auf die Ehe aus. Es beeinflußt unsere Selbstwertschätzung, unseren Sexualtrieb, unsere gegenseitige Verträglichkeit und unser Gefühl der Einheit mit unserem Partner.

Zunehmende Selbstsucht

Obwohl es für uns schwer ist, es zuzugeben, ist das leere Nest oft von zwei sehr engstirnigen, eigenwilligen Menschen besetzt. Chronisches Nörgeln und Kritik können zunehmen. Gleichgültigkeit gegenüber Menschen und dem Leben im allgemeinen tendiert auch dahin, zuzunehmen: Es wird schwerer, das unangenehme im Leben in Kauf zu nehmen. Wenige ältere Paare passen sich glücklich den Veränderungen an, die sich in ihrem Leben vollziehen.

Langeweile und Depression

Aus einer Reihe von Gründen kann ein leeres Nest zu einer trostlosen Existenz werden: Arbeitslosigkeit, Ruhestand mit einer geringen Rente, keine Pläne, Krankheit, Ängste und der Tod aller Lebensträume. Wer hat sich nicht um Eltern gesorgt, die in dieser langweiligen, depressiven Situation gefangen wurden?

Mein eigener Vater verlor die Freude und das Licht seines Lebens, als meine Mutter im Jahre 1971 starb. Sie war der Funke in seinem Leben, sie gab ihm die Motivation. Er hatte Schwierigkeiten im Umgang mit anderen Menschen und brauchte ihre Unterstützung für die schönen Abende mit Freunden, den musikalischen Abenden jede Woche, jene schönen Zeiten der Unterhaltung, des Lachens, der Reisen und Besuche. Als sie plötzlich nicht mehr da war, war er völlig fassungslos. Im wahrsten Sinne des Wortes war er jetzt allein. Obwohl wir, seine Kinder, uns um ihn kümmerten, verfiel er bald in einen Zustand ständiger Langeweile und zeitweiliger Depression — eine Tragödie, die bei uns oft Tränen hervorrief.

Einsamkeit

Ich habe dies bisher nicht mit aufgezählt, weil Einsamkeit wohl die am häufigsten erwähnte Not eines leeren Nestes ist. Wir müssen sie deshalb getrennt betrachten.

Geschäftige, aktive Kinder sind nicht mehr da. Autofahrten, Ballspiele, Klavierkonzerte, Schulzeug — all das ist vorbei, von der aufregenden Zeit der ersten Verabredung bis zur Entscheidung für einen Ehepartner. Selten bleibt eine Ehe in einem solchen Vakuum gesund. Das ist besonders dann nicht so, wenn die Beziehung zwischen Mann und Frau ihre Stärke aus den Beziehungen zwischen Eltern und Kindern bezog. Oder wenn einer der Elternteile durch eines der Kinder eine stärkere Erfüllung fand als durch den Ehepartner.

Eine andere Situation der Einsamkeit, an der wir nicht vorbeischauen dürfen, ist die des Witwenstands. Der Schmerz des Todes wird oft dadurch erhöht, daß der Partner nun von einer kleineren Rente leben muß, vielleicht mit der Last einer Hypothek auf dem Haus dazu. Die Kinder sind verheiratet und fortgezogen, Freunde und Verwandte haben wenig Zeit, und immer mehr macht sich die Einsamkeit breit.

Der Ruhestand

Obwohl ich es schon erwähnt habe, bringt der Ruhestand seine eigenen Anpassungsschwierigkeiten mit sich, die besondere Aufmerksamkeit verdienen.

Der Ruhestand kann wunderbar oder katastrophal sein — die Erfüllung eines Traumes oder ein furchtbarer Alptraum. Es hängt alles davon ab, wie man sich darauf vorbereitet. Wenn er uns unvorbereitet trifft, muß man sich besonders in acht nehmen! So mancher Ehepartner verliert mit einem Schlag völlig die Berührung mit dem Leben, etwa auf folgende Weise:

> Ich stehe jeden Morgen auf und staube meinen Geist ab.
> Ich nehme die Zeitung und lese die Todesanzeigen.
> Wenn mein Name nicht dabei ist, weiß ich, ich bin noch am Leben. Dann esse ich mein Frühstück und kann mich wieder ins Bett legen.

Das hört sich nach einem guten Tagesplan an! Aber ich kann mir nicht vorstellen, daß ich auf dieser Grundlage mit meiner Frau ein geregeltes Leben führen kann und unsere Ehe stark bleibt. Der Ruhestand zeigt häufig, wieviel Kreativität wir besitzen oder nicht besitzen. Viele arbeitstüchtige Ehepaare werden mit dem Ruhestand, wenn er plötzlich eintritt, nicht fertig.

Scheidung

Eine ständig wachsende Gruppe der heutigen Generation ist die der Geschiedenen. Sie leben in einer anderen Art des leeren Nestes: der Partner ist nicht mehr da. Dadurch erhöht sich die Frustration der Kindererziehung, die selbst zwei Elternteilen sehr viel abverlangt. Elternteile, die ihre Kinder allein großziehen müssen, haben mit ganz besonderen Problemen zu tun, die es sonst in keiner Familie gibt.

In den letzten Jahren beschloß unsere Gemeinde, die alleingestellten Eltern nicht länger zu ignorieren. Unter der weisen und fähigen Führung einiger meiner Mitarbeiter bildeten wir eine Organisation, die sich Gemeinschaft alleingestellter Eltern nannte. Ich rechnete, wir würden vielleicht fünfzig oder höchstens sechzig Mitglieder haben — aber da irrte ich mich gewaltig. Hunderte treffen sich jetzt regelmäßig in kleinen Gruppen, um zu beten, Gott zu preisen, um zusammen Liebe und gegenseitige Unterstützung zu erfahren und ihr Leid und ihre Kämpfe sowie ihre Freuden miteinander zu teilen.

Sie blüht und gedeiht! Der Nutzen einer solchen Arbeit ist unvergleichlich größer als die Schwierigkeiten. Ich würde anderen Gemeinden auch empfehlen, damit anzufangen. Glauben Sie mir, die Geschiedenen in den Gemeinden sind meistens die einsamsten, am häufigsten mißverstanden und übersehen.

Das sind nur einige Probleme des leeren Nestes. Jetzt wollen wir unsere Aufmerksamkeit dem Ratschlag der Bibel zuwenden, was wir mit dem Lebensabend einer Ehe tun wollen, wie wir damit fertigwerden und ihn sogar genießen können.

Salomo spricht noch einmal

Erinnern Sie sich an den Abschnitt der Schrift, mit dem wir uns am Anfang des Buches so intensiv beschäftigt haben? Es handelte sich um Sprüche 24, 3 – 4:

Durch Weisheit wird ein Haus gebaut, und durch Verstand erhalten, und durch ordentliches Haushalten werden die Kammern voll kostbarer, lieblicher Habe.

Nach Swindolls freier Übersetzung lautete das etwa wie folgt:

> Durch Weisheit (d. h. die Fähigkeit, die Dinge mit Urteilskraft zu durchschauen) kann ein Haus neu aufgebaut und wiederhergestellt werden, damit diejenigen, die darin leben, nicht bloß existieren, sondern gedeihen, ihr volles Potential entfalten. Durch Verstand — den Einblick in die Zusammenhänge, der nicht auf der Oberfläche bleibt — bringt man Ordnung und eine aufrechte Haltung zurück in die Ehe und das Heim. Durch Erkenntnis — den Willen zu lernen, mit den Tatsachen vertraut zu werden, damit Unwissen beseitigt und stets die Wahrheit gesucht wird — füllt sich jedes Leben bis zum Überfluß mit Reichtümern, die nie zerstört werden können, wie Erinnerungen und positive Einstellungen, gegenseitiger Respekt, Charaktertiefe und menschliche Beziehungen!

Mit diesem Ziel vor Augen möchte ich zum Abschluß noch einige Gedanken äußern über das, was Sie tun können, wenn Sie sehen, wie sich Ihr Nest leert, oder wenn Sie heute bereits mit der Realität eines abwesenden Partners oder aufgewachsener Kinder konfrontiert sind, die das Nest verlassen haben. Ich will versprechen, mich kurz und klar auszudrücken.

Drei praktische Vorschläge

Aus dem Abschnitt in dem Buch der Sprüche möchte ich drei Hauptgedanken entwickeln.

Üben Sie Weisheit aus

Wir haben gelernt, daß Weisheit bedeutet, mit Urteilskraft durchzuschauen, so wie Gott es tut, von seiner Perspektive her sich das Leben so ansehen, wie er es sieht. Aus dieser Perspektive wird viel Ermutigung fließen und Objektivität möglich.

Aber wie kann das geschehen? Sicher stellen Sie sich diese Frage. Nun, Sie können anfangen, indem Sie Ihre Beziehung und die

Anbetung des Herrn erneuern. Wenn Sie ein ganz besonders anhänglicher Typ sind, drehte sich ihr Leben in der Vergangenheit völlig um ihren Partner oder ihre Kinder. Als Sie sie dann verloren, gerieten Sie in einen emotionalen Strudel. Kein Wunder, daß Sie einsamer geworden sind und sich immer mehr in Selbstmitleid verstrickten.

Hören Sie damit auf, und blicken Sie zum Herrn auf. Fangen Sie an, jeden Tag eine bestimmte Zeit mit dem Herrn zu verbringen. Sie lesen richtig: Jeden Tag! Nehmen Sie Ihre Bibel vom Regal runter, und fangen Sie damit an, sie regelmäßig zu lesen. Setzen Sie die vertikal orientierten Prioritäten, die zu einer göttlichen Mentalität führen. Weigern Sie sich, von Ihren Gefühlen beherrscht und gelähmt zu werden.

Noch ein weiterer Gedanke: Wenn Sie beten, bitten Sie den Vater, Ihnen ganz konkret zu helfen, einen göttlichen Standpunkt zu bewahren statt eines rein menschlichen. Bitten Sie um Dinge wie:

— Befreiung von Sorgen (und nennen Sie einige)
— Die Freigabe Ihres Willens (im Gegensatz zu seinem)
— Die Fähigkeit, flexibel zu sein, sich ändern und anzupassen
— Die Befreiung von Selbstmitleid
— Einige Gedanken, wie Sie anderen nützlich sein können
— Einen gesunden Sinn für Humor
— Eine richtige Einstellung zu Enttäuschungen und Verlusten

Das Leben mit göttlicher Urteilskraft zu sehen, ist keine natürliche Sache, es ist etwas Übernatürliches. Aber laut Jakobus 1, 5 ist das erreichbar:

> *Wenn aber jemandem unter euch Weisheit mangelt, der bitte Gott, der da gern gibt jedermann und allen mit Güte begegnet, so wird ihm gegeben werden.*

Und es trägt reiche Frucht. Lesen Sie Jakobus 3, 17:

> *Die Weisheit aber von obenher ist aufs erste lauter, danach friedsam, gelinde, läßt sich etwas sagen, voll Barmherzigkeit und guter Früchte, unparteiisch, ohne Heuchelei.*

Wenn Sie das Leben durch Gottes Augen anschauen, wird das bei Ihnen größere Empfindsamkeit hervorrufen. Sie werden nicht bloß älter werden, sondern auch die Dinge tiefer sehen und verstehen, besser und schneller reagieren — und auch sehr viel positiver!

Weisheit führt zu Verständnis. Das leere Nest stellt Ihnen gewöhnlich mehr Zeit zur Verfügung. Ziehen Sie Nutzen daraus. Sie können eine Person mit viel Empfindsamkeit werden, so daß andere Ihre Gegenwart wünschen. Damit das geschehen kann, müssen Sie beten wie im folgenden Beispiel:

> Herr, Du weißt besser als ich, daß ich älter werde, und eines Tages alt sein werde.
>
> Halte mich davon ab, zuviel zu reden, und vor allem von der schlimmen Gewohnheit zu meinen, ich müßte zu jedem Thema und bei jeder Gelegenheit etwas sagen.
>
> Erlöse mich von dem Verlangen, mich in alle Angelegenheiten einzumischen.
>
> Mache mich nachdenklich, aber nicht launisch, hilfreich, aber nicht herrisch. Bei meinem großen Schatz an Weisheit wäre es schade, nicht alles davon zu verwenden, aber Du weißt, ich hätte noch gern ein paar Freunde am Ende meines Lebens.
>
> Halte meinen Geist frei davon, endlose Einzelheiten zu erzählen, und hilf mir, zum Kern der Sache vorzustoßen.
>
> Versiegele meine Lippen, was meine Schmerzen angeht. Sie nehmen zu, und das Vergnügen, von ihnen zu erzählen, wächst Jahr um Jahr.
>
> Ich bitte um genug Gnade, um mir die Geschichten der Leiden anderer anzuhören. Hilf mir, sie geduldig zu erdulden.
>
> Lehre mich die wunderbare Lektion, daß es gelegentlich möglich ist, daß ich mich irre.
>
> Erhalte mich als einigermaßen nette Person; ich will kein Heiliger sein; mit manchen ist es schwer zu leben, aber eine saure alte Person ist eines der krönenden Werke des Teufels.
>
> Hilf mir, soviel Spaß wie möglich zu haben. Es gibt so viele Dinge um uns herum, die Spaß machen, und ich möchte keins davon versäumen. Anonym

Sie sehen, Verständnis bedeutet auch, daß wir unsere eigenen Tendenzen akzeptieren und zugeben, und trotzdem darauf vertrauen, daß Gott uns zu besseren Menschen machen wird.

Anwendung der Erkenntnis

Da Gott uns versprochen hat, daß die »Zimmer« unserer Ehe sich mit wertvollen Reichtümern mittels Erkenntnis füllen werden, müssen wir ihn beim Wort nehmen. Wie wir bereits gesehen haben, ehrt und gebraucht Gott die Art der Erkenntnis, die angewandt wird. Sie zeigt sich am besten in einem belehrbaren, offenen und nicht-defensiven Geist. Die Art, die stets lernt, stets sucht und entdeckt.

Eine der attraktivsten Charaktereigenschaften, die man bei alten Paaren finden kann, ist dieses Verlangen, zu lernen, und dann das Gelernte anzuwenden.

13 Schluß

Zwei Dinge sind geschehen, seit ich vor einigen Monaten dieses Buch angefangen habe. Erstens: Ich bin um mehrere Jahre gealtert! Es ist einfach, zu sagen: »Ich will ein Buch über die Ehe schreiben!« Es ist sehr viel schwieriger, das Manuskript fertigzustellen und dem Verleger zu übergeben. Ich mußte lächeln, als ich kürzlich ein Zitat von Sir Winston Churchill über das Bücherschreiben las:

> Ein Buch zu schreiben ist ein Abenteuer. Zunächst ist es ein Spielzeug, mit dem man sich amüsiert. Dann wird es zu einer Geliebten, dann zu einem Herren, schließlich zu einem Tyrannen. Die letzte Phase besteht darin, daß man, gerade wenn man sich mit seiner Knechtschaft abgefunden hat, das Monstrum tötet und es dem Publikum vorwirft.

Ich kann das nachfühlen!

Zweitens: Unser Haus ist wieder zu einem Ort der Ruhe und Schönheit geworden. Die Renovierung ist jetzt fertig. Der Staub ist beseitigt, die Klempnerarbeit getan. Die Kacheln sind gelegt, die Anstreicharbeit vollendet. Ich sitze in einem Büro, umgeben von schönen eichenen Bücherregalen, braun-blauer Tapete und viel Licht. Vor dem Fenster windet sich ein aus Ziegelsteinen gelegter Pfad, der jetzt fertig ist. Der Vorderhof befindet sich jedoch noch in einem chaotischen Zustand. Wenn die Regenperiode aufhört, werden wir uns an diese Arbeit machen. Es gibt noch einige Stellen, an denen etwas getan werden muß (das wird immer so sein), aber im großen und ganzen sieht der Ort, den ich mein Zuhause nenne, auch danach aus. Der ursprüngliche Plan ist jetzt zur schönen Wirklichkeit geworden.

Gott wußte, daß ich eine lebenstreue Illustration brauchte, wieviel Arbeit die Renovierung erfordert. Ich wußte, daß es schlimm sein würde. Aber schlimm ist eigentlich nicht das richtige Wort. Es war furchtbar!

Aber das ist vorüber. Gott sei gelobt, es ist vorüber!

Während ich von einem Zimmer zum anderen gehe und der Baufirma den letzten Scheck schreibe, stelle ich mir die Frage: »War es wirklich aller Anstrengung wert?« Inmitten des Chaos hätte ich jemanden dafür bezahlt, um alles loszuwerden. Aber jetzt nicht mehr. Ich bin froh, daß wir durchgehalten haben. Ja, es war doch die Anstrengung und Mühe wert!

Es gibt ein altes Sprichwort, dessen Bedeutung Cynthia und ich jetzt besser denn je verstehen:

Ein erfüllter Wunsch ist der Seele süß.

Was wir in unserem Haus durchgemacht haben, müssen Sie vielleicht in Ihrer Ehe erdulden. Manche von Ihnen werden sich mit Ihrer schwersten Krise auseinandersetzen müssen. Sie würden alles dafür geben, um dieser Situation zu entrinnen. Sie würden gerne jemanden bezahlen, um sie loszuwerden. Tun Sie das nicht! Bitte, tun Sie es nicht. Gott wird Ihre Treue belohnen, wenn Sie sich dazu entschließen, durchzuhalten und an einer Lösung zu arbeiten. Sie können es mir glauben, wenn Sie später auf diese Jahre zurückblicken, werden Sie froh sein, daß Sie diesen Weg gewählt haben.

Mir fällt nur ein Projekt ein, das schwieriger gewesen ist als die Renovierung unseres Hauses. Das war die Renovierung unserer Ehe. Ich bin ganz ehrlich, wenn ich sage, eine Ehe aufzubauen ist viel unangenehmer, zeitraubender und anstrengender als ein Haus zu renovieren.

Aber die Belohnung, die einen erwartet, ist auch mit nichts zu vergleichen. Die »Süße der Seele«, die man erfährt, wenn Gott das Feuer einer Ehe neu anfacht, läßt sich mit keinem anderen Erfolg auf Erden vergleichen. Aber nur dann, wenn dieses Projekt ernsthaft in Angriff genommen wird, läßt sich verhindern, daß etwas, das einst schön und eine Quelle der Freude war, verblassen und scheitern wird.

Was eine Ehe zerstört, ist meistens nicht das, was mit Pauken und Trompeten geschieht. Es ist der fast unbemerkte, allmähliche Verschleiß, eine Reihe von kleinen, aber zusammenhängenden Rissen, die sich ständig erweitern und unbeachtet bleiben. Es geschieht jeden Tag, das ganze Jahr lang, überall auf dieser Erde des Leidens. Es handelt sich um ein universelles Problem der Ehe — aber es ist nicht unvermeidlich!

Und das ist der Grund, warum ich dieses Buch geschrieben habe.

Ich sehne mich danach, jedem Ehepaar, das ich erreichen kann, mitzuteilen, daß der lebendige Herr einen Plan hat, der zu einer glücklichen Ehe führen kann. Er verspricht Hoffnung und Ermutigung. Und weil er von ihm selbst stammt, kann ich ohne Rückhalt erklären, daß er wirklich funktioniert. Das Beste daran ist, daß Gott versprochen hat, seine starken Arme der Hilfe und Unterstützung denen zu reichen, die sich entschieden haben, zu seinem unfehlbaren Wort zurückzukehren und ihm durch den schmerzlichen, aber wesentlichen Prozeß der Veränderung hindurch zu vertrauen.

Sind Sie dazu bereit?

Wollen Sie ihm trotz Ihrer scheinbar unmöglichen Situation vertrauen?

Bitte, tun Sie das doch! Er wartet auf die Gelegenheit, die Flamme, die einst in Ihrer Ehe brannte, neu zu entfachen und zu bewahren.

In der Reihe BRENNPUNKT FAMILIE sind außerdem erschienen:

Ross Campbell
KINDER SIND WIE EIN SPIEGEL
Ein Handbuch für Eltern, die ihre Kinder richtig lieben wollen
Edition C, Nr. F 1, 112 Seiten

Norman Wright
ZUHÖREN MUSS MAN LERNEN
Harmonie in der Familie
Edition C, Nr. F 2, 108 Seiten

Barbara Sroka
EINS IST EINE GANZE ZAHL
Allein – und doch erfülltes Leben
Edition C, Nr. F 3, 120 Seiten

Nancy Potts
LEBEN IN ZEITEN DER EINSAMKEIT
Machen Sie das Beste aus den einsamen Stunden, die zwischen den angenehmen Zeiten der Gemeinsamkeit liegen
Edition C, Nr. F 4, 120 Seiten

Allan Petersen
WIR STECKEN IN EINER KRISE
Wie man mit Schwierigkeiten in der Familie fertig wird
Edition C, Nr. F 5, 144 Seiten

Tim Timmons
EHE – NACH GOTTES PLAN
Praktische Anleitungen, die Leben und Liebe in ihre Ehe bringen
Edition C, Nr. F 6, 120 Seiten

Ilse Wenzel
CHRISTLICHE ERZIEHUNG UND INTELLIGENZENTWICKLUNG
Briefe an Claudia
Edition C, Nr. F 7, 120 Seiten

James L. Johnson
SO BIN ICH, LIEBE FRAU
Was jede Frau über einen Mann wissen sollte
Edition C, Nr. F 8, 120 Seiten

Joyce Landorf
STARK UND ZART
Wie sich eine Frau den Mann wünscht
Edition C, Nr. F 9, 144 Seiten

Joyce Landorf
WENDEPUNKTE IM LEBEN DER FRAU
Wenn wir ihn am meisten brauchen
Edition C, Nr. F 10, 128 Seiten

Ross Campbell
TEENAGER BRAUCHEN MEHR LIEBE
Ein Handbuch für Eltern, die ihre Teenager richtig lieben wollen
Edition C, Nr. F 11, 128 Seiten

Walter Trobisch, Jim Conway u. a.
AUCH ELTERN BRAUCHEN LIEBE
Ein Handbuch für den Umgang mit Eltern und anderen Verwandten
Edition C, Nr. F 12, 112 Seiten

Charles Swindoll
ENTFACHE DAS ALTE FEUER
Vom Duell in der Ehe zurück zum Duett
Edition C, Nr. F 13, 168 Seiten

Richard Strauß
GEHEIMNIS BIBLISCHER EHEN
Die Flitterwochen sind vorbei
Edition C, Nr. F 14, 134 Seiten

Dorothy Pape
WIR FRAUEN UND GOTT
Was sagt uns das Neue Testament?
Edition C, Nr. F 16, 151 Seiten